Für Lizette und Gisel

Das Buch

Dieses Buch soll und kann sicherlich alle ansprechen, denen die Erziehung in der Familie, sowie in Kindergarten und in der Schule, aber auch die Probleme der Jugendlichen heute am Herzen liegen. Es ist ein Buch aus vierzig Jahren gelebte und erlebte Erziehungsarbeit in der Schule und in der päd. psych. Beratungspraxis. Es erzählt manchmal auf scheinbar humorvolle Weise über reale Erlebnisse mit Kindern, Jugendlichen und Familien, über ganz alltägliche Begegnungen.

Der Autor

Hans-Joachim Hepke, R a.D., 1952 in Amberg/Opf. geboren, seit 1975 im Schuldienst, seit 1985 Konrektor und seit 1992 Rektor einer großen Grundschule und Lehrbeauftragter an der Universität Augsburg. Danach u.a. psychologischer Berater an einer Heimvolksschule für verhaltensauffällige Jungen und Arbeit an einer Montessorischule. Ab 2008 Auslandsschuldienst u.a. in Mexiko.

Hans-Joachim Hepke

Hilf mir, ich bin doch dein Kind

Ein Erziehungsbegleiter für Eltern, Erzieher und Lehrer

© 2019 Hans-Joachim Hepke

Umschlag, Illustration: Autor und Team

Verlag und Druck: tredition GmbH, Halenreie 40-44, 22359 Hamburg

ISBN 978-3-7482-6585-6 (Paperback)
ISBN 978-3-7482-6585-3 (Hardcover)
ISBN 978-3-7482-6587-0 (E-Book)

Inhalt

Vorwort

Die Beweggründe für dieses Buch liegen in den zahlreichen positiven Reaktionen, die ich auf meine Kolumnen zu Problemen der Erziehung in der Internetzeitung "El Angel Metropolitano" erhalten habe. Aus diesem Grund bin ich auch Herrn Carlos Bayo in besonderer Weise dankbar, der mir die Gelegenheit gegeben hat, in seiner Zeitung wöchentliche Kolumnen zu schreiben.

Es ist mir ein großes Anliegen, von meinen jahrzehntelangen Erfahrungen zu berichten und meine Erkenntnisse an Eltern, Erzieher und Lehrer weiterzugeben. Ich verzichte dabei darauf, jedes Problem wissenschaftlich zu durchleuchten, wenngleich meine zahlreichen und oft ähnlichen Erlebnisse und daraus resultierenden Erkenntnisse auch vielen wissenschaftlichen Resultaten standhalten können. In mancher heiteren, aber auch dramatischen "Geschichte" mag sich so mancher selbst wiederfinden oder einfach nur wiedererkennen. Es ist das Leben, über das ich schreibe, es sind Probleme, Fragen und

Erlebnisse, die ich als Lehrer und Schulleiter, ebenso auch als pädagogisch-psychologischer Familienberater und als Vater von zwei Söhnen sammeln durfte, konnte und musste.

Hinzu kommen meine Erfahrungen, die ich auf meiner pädagogischen Reise durch sehr unterschiedliche Welten, die sich mir, begonnen in Deutschland über die Türkei und schließlich in Mexiko, offenbarten, sammeln konnte. Doch gerade unabhängig von diesen äußerst verschiedenen Kulturkreisen ist für mich zum endgültigen Ergebnis geworden, was ich vor langer Zeit schon immer äußerte: Kinder sind, wo und wann auch immer, einfach nur Kinder, sie sind international und ihre Herzensanliegen, ihre ganz persönlichen Sorgen und Nöte, ihre Wünsche, Sehnsüchte und Träume sind nicht auf Länder und Kulturkreise und Nationen zu beschränken, sie tragen manchmal nur eine etwas andere "Färbung". Sie sind wunderbar!

Mexico-City, August 2019

Hans- Joachim Hepke

Wie wir Kinder erziehen sollten

Ein Rezeptbuch für jede Gelegenheit, das ist es, was wir bräuchten und was wir suchen! Doch leider gibt es das noch immer nicht in Sachen Erziehung! .....und es wird wohl auch niemals geschrieben werden. Der Grund ist einfach: Da jedes Kind ein spezielles und absolut wertvolles Individuum ist, und Erziehung immer auch situationsgebunden ist, kann und wird es niemals einheitlich umsetzbare Rezepte in der Erziehung geben! Doch möchte ich versuchen, einige von den Altersstufen unabhängige gemeinsame Grundregeln zusammenzustellen:

1. Erziehung erfordert Flexibilität! Erziehung und notwendige Reaktionen sind immer von den gegebenen Situationen abhängig, von der Umgebung, in der ein Kind aufwächst, von der Geschwisterkonstellation, von der jeweiligen Familiensituation, von den individuellen Fähigkeiten und Fertigkeiten sprich auch von den individuellen Interessen und auch von der gesundheitlichen Situation, denn natürlich

muss ein gesundheitlich eingeschränktes Kind anders behandelt werden.

2. Jedes Kind braucht ein demokratisches Umfeld! Ein Grundprinzip, das ein Kind ständig erleben muss, sind die Gleichberechtigung und der daraus resultierende respektvolle Umgang zwischen allen Familienmitgliedern, ebenso natürlich die gegenseitige Wertschätzung von Erwachsenen und Kindern.

3. Klare Regeln unterstützen das Zusammenleben und sollten ein fester Bestandteil einer demokratischen Erziehung sein! Doch, nur Regeln, die gemeinsam erarbeitet, zumindest aber eindeutig und verständlich miteinander abgesprochen wurden, machen Sinn und führen bei Fehlverhalten zu einem Lerneffekt. Dementsprechend müssen auch die Konsequenzen bei Verstößen realisierbar und dem Alter angemessen sein.

4. Statt Vorwürfen sollte es nur klar verständliche und knappe Ich-Botschaften geben! Wenn sich ein Kind falsch verhalten hat,

braucht es nicht auch noch Vorwürfe. Es leidet bereits innerlich unter der Situation. Mit klaren Ich-Botschaften kann es den Weg wieder zurück in die Spur finden. „Ich freue mich, wenn Dein Zimmer so ordentlich aussieht!" Das Chaos, das vorher existierte, hat das Kind selbst wahrgenommen, es muss nicht daran erinnert werden.

5. Eltern sollten ihre Kinder immer ermutigen, eigenständige Entscheidungen zu treffen und aus der Reaktion seiner Umwelt dazu Erfahrungen sammeln! Ein Kind wird nur einmal mit verschiedenfarbigen Socken zur Schule gehen!

6. Lob und Wertschätzung müssen in einer guten Erziehung vorherrschen, doch müssen sie glaubwürdig sein! Schlechte schulische Leistungen schön zu reden, macht unglaubwürdig. Doch können der Hinweis auf vorhandene Fähigkeiten und eine entsprechende Ermutigung Berge versetzen.

7. Emotionen sollen und dürfen immer offen gelebt, müssen aber auch besprochen werden! Sie kennzeichnen eine Persönlichkeit in

spezieller Weise! Erziehung kann nur mit Liebe, Zuwendung, Geduld und Verständnis gelingen!

Kinder im Kleinkindalter: Einfach nur festhalten

Es ist morgens 7.30 Uhr, ein Morgen im Juli. Die Eltern bringen Serkan, zweieinhalb Jahre alt, wie meist jeden Tag in unseren Montessori-Kindergarten. Seit knapp zwei Wochen ist er bei uns. Sie sind auf dem Weg zur Arbeit und deswegen wie eigentlich immer in großer Eile. Serkan steigt aus dem Auto, um nicht zu sagen, er wird hinausgeschoben. Kein Blick zurück zur winkenden Mutter. Wie missmutig trottet er der Eingangstür entgegen. Mit seinen schulterlangen, glatten schwarzen Haaren sieht er aus wie ein Mini-Beatle-Verschnitt. Auf unsere Willkommensgrüße reagiert er nicht. Erst im Gruppenraum scheint er zu registrieren, wo er denn nun ist. Kritisch blickt er auf die noch wenigen anwesenden Kinder. Wer könnte sich mit einem des von ihm favorisierten Materials beschäftigen? Es beginnt seine allmorgentliche kritische Phase. Jetzt ist höchste Aufmerksamkeit geboten! Er geht auf zwei andere Kinder zu, die sich mit einem Puzzle beschäftigen. Dann geht es rasend schnell. Er entreißt den Kindern laut kreischend ihr Material und versucht zu zerstören, was zu zerstören ist. Bevor er auch noch den Tisch umwerfen kann, bekomme ich ihn zu fassen. Ich bringe ihn in den anderen Gruppenraum. Diese "gewaltsame" Trennung veranlasst ihn, nahezu unerträgliche Kreischtöne von sich zu geben und extrem wild um sich zu schlagen. Ich setze mich mit ihm auf einen der Kinderstühle und umklammere ihn von hinten. In dieser Position kann er mich nicht verletzen. Lediglich auf seine ausschlagenden Beine muss ich achten. Im monotonen Ton sage ich ihm immer wieder ganz ruhig Kopf an Kopf gedrückt: Alles wird gut, alles wird gut.....alles wird gut. Sein wildes Umsichschlagen ermüdet nach vielleicht vier/fünf Minuten, sein schrilles Grillen verklingt in einem eher jämmerlichen Wimmern. Während ich ihn mit meinen gleichbleibenden Worten beruhige, sucht er den Kopf nach hinten wendend Blickkontakt mit mir. Ich lockere meinen festen Griff. Er atmet zunehmend ruhiger. Schließlich schläft er in meinen Armen ein.

An anderen Tagen geht er dann mit mir zurück in seine Gruppe. Als ob nichts geschehen sei, wählen wir dann irgendein Material aus, mit dem er sich beschäftigen will und kann.

Auf Grund meiner Erfahrungen mit Serkan habe ich gelernt, wie ich mit anderen Kindern in ähnlichen Situationen umgehen kann, oder besser gesagt, umgehen muss. Durch den Raumwechsel entfernen sie sich erst einmal von der für sie problematischen Umgebung und natürlich auch ggf. von dem für sie reizorientierten Personenkreis. Das Festhalten gibt ihnen zum einen Körperwärme und die Imagination von individuellem Schutz, zum anderen können sie so sich und andere nicht auch noch verletzen. Der monoton gleichbleibende Tonfall mit wenigen Worten wirkt beruhigend. Unsinnige Fragen oder gar Vorwürfe und Hinweise wirken anklagend und steigern das ohnehin schlechte Empfinden des Kindes in dieser Situation. Sie sind grundsätzlich zu vermeiden! Denn natürlich wollen sich Kinder niemals so aggressiv und negativ verhalten, sie können in diesen Situationen auch für sich selber keine

Erklärungen finden. Es überrascht sie, was da mit ihnen geschieht, und sie hoffen, dass genau diese Augenblicke schnell vorübergehen. Sie wollen erleben, dass tatsächlich "alles gut wird". Sie hoffen, dass dieser wache Alptraum schnell vorbei sein wird! Die Körpernähe des Erwachsenen gibt ihnen Schutz und Sicherheit, nach der sie sich sehnen.

Gewiss war Serkan schon ein extremer Fall, so war auch seine noch junge Lebensgeschichte. Er war das zweite Kind seiner Eltern, ein sog. Nachzügler. Sein großer Bruder war mehr als zwanzig Jahre älter. Die Eltern hatten den Bezug zu einem Kind in seinem Alter verloren, vielleicht hatten sie ihn auch niemals besessen. So schilderten sie mir einige Wochen später, dass sie es nicht bemerkten, wenn Serkan in der Nacht aufstand, um Fernseh und Videos zu schauen oder sich mit dem PC zu beschäftigen. Selbst gespeicherte Passwörter würde er "knacken"(!). Manchmal, wenn sie in der Nacht aufstünden, würden sie ihn dann vor den verschiedenen Geräten vorfinden. Sie waren zu seinen Kommunikationspartnern geworden (siehe auch S. 142, „Soziale Medien,

Die Balance zwischen Technik und Seelenleben"). Er begann, sich seine eigene Welt aufzubauen. In dieser Welt gab es keinen Widerspruch, alles geschah, wie er es wollte. Er bewegte sich in einer irrealen Virtualität. Entsprechend reagierte er auf seine Partner im Kindergarten. Auch sie sollten sich ohne Widerspruch seinen Wünschen und Vorstellungen anpassen. Mit Verweigerung, oder schlicht anderen Ideen konnte er nichts anfangen und reagierte mit Aggressionen. Was waren erlebte Gefühle? Was war Liebe und Zuwendung? Sie existierten nicht in seiner roboterähnlichen Erlebniswelt, in die er Nacht für Nacht eintauchte.

Ich versuchte, so oft als möglich mit ihm allein und bevorzugt mit ihm und zwei anderen Kindern zusammen zu arbeiten, um ihm zu zeigen, wie positiv und schön die reale Welt sein kann. Das war mir nur in den Sommermonaten möglich, da arbeitete ich in den Schulferien nur im Kindergarten. Bis Oktober, als ich die Türkei Richtung Mexiko verließ, konnte ich mit ihm in seiner Sozialisation bemerkenswerte Schritte gehen.

Die Arbeit mit seinen Eltern war weitaus schwieriger, denn sie hatten sich bereits sehr weit von ihrem Kind entfernt, oder eher es sich von ihnen?

Die Methode des Festhaltens mag dem einen oder anderen eher negativ erscheinen, weil sie doch dem Kind seine „Freiheit" und somit einen Teil seiner Individualität nimmt. Doch ist es gerade für Kinder im Kleinkindalter ein bedeutsamer Vorgang, der das Kind vor allem zunächst einmal schützt. Natürlich wird es so in eine passive Haltung gezwängt, doch hat es damit die Möglichkeit, die unbekannte und deshalb überraschende Situation wie von außen kennenzulernen, zu beobachten und daraus neue Erkenntnisse zu gewinnen. Es wird ihm ungewollt ein wertvoller Lernprozess ermöglicht, der ihm aufzeigt, wie es in künftig ähnlichen Konfliktsituationen reagieren kann. Zudem erfährt es, dass „Erziehungsmaßnahmen" nicht immer nur Zurechtweisungen und Maßregelungen sein müssen, sondern dass sie auch seinem Schutz und seiner Hilfe dienen. Entgegen typischer Erwachsenenansichten, dass Kleinkinder doch noch gar nicht verstehen und begreifen können, wie sie sich zu verhalten haben, also Erklärungen hinfällig und überflüssig sind, empfinden natürlich auch bereits Kinder im Kleinkindalter sehr genau, was ihnen widerfährt. Es ist wichtig, in jeder Situation und in jeder Altersstufe mit Kindern ruhig und klar verständlich zu kommunizieren.

Es gibt aus diesem Grund auch nicht nur das oben geschilderte körperliche Festhalten, sondern nicht weniger bedeutend das Festhalten mit den Augen, mit klaren und vertrauten Blicken, aus denen Zuwendung, Liebe und Verständnis, nicht aber Bedrohung, Wut und Ärger sprechen dürfen.

Ich durfte dazu erst in den letzten Tagen erneut Erfahrungen sammeln, die mich in dieser Meinung absolut bestätigt und darüber hinaus tief beeindruckt haben. Ein Mädchen aus meiner „neuen" Verwandtschaft", drei Jahre alt, gilt als extrem kontaktscheu und distanziert. So wurde mir im Vorfeld schon angekündigt, dass es mir wohl unmöglich sein werde, zu ihr Zugang zu finden, aber dass das bei ihr ganz „normal" sei. Diese

Ankündigungen machten mich dann erst so richtig neugierig! Es wäre das erste Kind in meiner Lebensgeschichte und vor allem auch in meiner beruflichen Erfahrung mit Kindern, zu dem ich keinen Zugang fände.

Vom ersten Moment an versuchte ich in den gemeinsamen lediglich fünf Urlaubstagen Augenkontakt zu ihr herzustellen. Wann immer sie zu sprechen begann, schaute ich ihr ermunternd und wohlwollend in ihre Augen. Ich hörte ihr zu, ermunterte sie ab und zu, doch weiterzusprechen und bemühte mich, ihr klare und einfache sprich kurze Antworten zu geben. Sie war überrascht, und ich spürte, wie sie mich von der Seite aus musterte. Noch lag berechtigte Skepsis und Vorsicht in ihren Blicken. Ich begriff sehr bald, was in der eigentlich liebenswerten Familie ablief. Die Eltern waren letztendlich mehr auf die große Schwester fixiert, die in die 1.Klasse der Grundschule ging. Die kleine Schwester war eben noch so etwas wie ein Baby, das manchmal irgendetwas daher plapperte. Keiner hörte ihr wirklich zu, viele Worte kamen manchmal natürlich auch noch mit

„Verzögerung" oder unfertig über ihre Lippen. Ihre Äußerungen wurden nur beiläufig wahrgenommen. Niemand nahm dabei Blickkontakt mit ihr auf. Wozu also sollte sie sprechen?! Ich setzte mich auf Augenhöhe zu ihr, sah ihr, wann immer sie mir irgendetwas sagte, in ihre Augen und versuchte ihr zu vermitteln, dass sie mir wichtig war. Sie begann mir viel und so viel „Wichtiges" zu erzählen. Ihre Augen strahlten dabei, denn sie fühlte sich verstanden, wichtig und genauso bedeutend wie die große Schwester. Zur Verblüffung der Eltern fanden wir eine gemeinsame Vertrauensbasis. Als ich nach fünf Tagen abreiste, weinte sie. Wir hatten zueinandergefunden.

Ich erklärte den Eltern, was denn eigentlich passiert war. Es war mir gelungen, sie lediglich mit meinen Augen „festzuhalten", ein gemeinsames Band zu knüpfen. Ich konnte ihr vermitteln, dass sie wichtig war, dass es schön war, ihr zuzuhören und mit ihr zu plauschen. Ich bat die Eltern, sie künftig in ähnlicher Weise ernst zu nehmen, jedes ihrer noch manchmal unfertigen Worte.

Das Festhalten mit den Augen war natürlich keine neue Erfahrung für mich! Ich erinnere mich an meine Seminarzeit als Junglehrer, oder auch an die Zeit, wenn ich Junglehrer in meinen Klassen zu Besuch hatte. Meine damalige Seminarleiterin machte die Kolleginnen und Kollegen immer darauf aufmerksam, in welcher Weise ich versuchte ohne Worte die Kinder meiner Klassen nur mit meinen Blicken einzufangen, an mich zu binden. Das Festhalten mit den Augen kann nirgendwo sonst so gut gelingen, wie in der eigenen Familie, denn da herrscht in besonderer Weise Vertrauen. Liebe, Vertrauen und Herzenswärme sind die Schlüssel dafür. Statt zurechtweisender oder sogenannter kluger Worte, die doch letztlich nur noch die Überlegenheit des Erwachsenen über das Kind ausdrücken, ist es für jedes Kind, und besonders für das Kleinkind von Bedeutung, mit unseren Augen wohlgemeinte Botschaften zu senden. Das Festhalten mit den Augen oder in besonderen Situationen das körperliche Festhalten ist bedeutender als tausend Worte!

Kinder im Vorschulalter: Reife und reifen lassen

Der Kindergarten und die Vorschule sind der erste Härtetest für ein Kind. Es begibt sich aus dem vertrauten Schonraum der Familie in die Obhut noch fremder Bezugspersonen, die zumindest stundenweise die Rolle der Eltern übernehmen. Es muss sich in der Gruppe fremder Kinder zurechtfinden und einordnen und steht nicht mehr einzig im Mittelpunkt. Bei all seinen Bedürfnissen muss es lernen und akzeptieren, zu warten und Geduld zu haben, oder auch beim Spiel mit anderen Kindern nur zweiter Sieger sein zu können. Es ist die Frustrationstoleranz, die es dabei lernt, eine wichtige und bedeutende Sozialkompetenz. Ist der Blick anfangs ausschließlich auf die Erzieherin fixiert, öffnet es schrittweise buchstäblich seine Sichtweise. Es vergleicht sich selbst im Unterbewusstsein mit den anderen Kindern, es erprobt das zu Hause angeeignete Verhalten im Umgang mit anderen Kindern, aber auch in der Folge mit den eigenen Eltern. Es geht zögerlich auf seine neuen Bezugspersonen zu, denn es muss nicht nur erst Vertrauen finden, sondern auch deren Reaktionen einzuschätzen lernen. Diese Prozesse der Einordnung, Anpassung und Frustrationstoleranz erfordern von jedem Kind ein Höchstmaß an Kraft, körperlich, wie auch seelisch. Die Annahme, der Kindergarten sei doch nur zum Spielen da, ist aus der Sicht des Kindes ein großer Irrtum. Es ist, wie es Maria Montessori treffend beschreibt, schlichtweg "Arbeit", die das noch kleine Kind dabei leistet.

Das Spiel ist und muss bei allen weiteren Überlegungen jedoch absolut im Mittelpunkt des Kindergartens stehen. Der oft falsche und deplatzierte Ergeiz vieler Erzieherinnen, die Grundschule bereits in den Kindergarten "vorzuziehen", widerspricht schlichtweg allen Anforderungen dieser Altersstufe und allen entwicklungspsychologischen Erkenntnissen. Alles, was die Kinder lernen, müssen sie spielerisch lernen dürfen. Im Vordergrund muss die Möglichkeit stehen, entdecken, erforschen und ausprobieren zu können. Neugierde wecken, Kreativität fördern stehen neben dem Erwerb der sozialen Kompetenzen im Vordergrund. Dazu müssen begleitend zahlreiche und verschiedene Angebote kommen, die die manuellen Fähigkeiten des Kindes entwickeln und fördern. Das Spielen im Sand, das Formen mit Ton und ähnlichen Materialien wie auch mit Knetmasse, das Arbeiten im Freien mit verschiedensten Naturmaterialien wie Blättern und Kastanien u.a., das Reißen und Falten von Papier wie auch das spätere Schneiden mit einer Kinderschere, die Gestaltung mit Perlen, das Binden von Schleifen sind nur einige von täglich anzubietenden Arbeitsformen, die unbewusst die Feinmotorik fördern und gleichermaßen jede Art von Kreativität zulassen. Für alle diese Arbeitsformen braucht das Kind keine Anleitung, denn seine Fantasie wird ihm verschiedenste Wege aufzeigen. Die wichtigste Aufgabe für Erzieherinnen und Erzieher besteht darin, Angebote zu kreieren und sich dezent im Hintergrund zu halten. Alles, was ein Kind bei den o.g. Arbeiten zustandebringt, ist gut und richtig und bedarf keiner Korrekturen. Diese Erkenntnis sollten sich auch Eltern bewusst machen! Erst im letzten Kindergarten-/Vorschuljahr sollten "Schreibvorübungen" hinzukommen. Sie werden grundsätzlich großflächig sprich auf DIN A3 und größer und immer beidarmig in wechselnde gegenseitige und parallele Richtungen durchgeführt. Als Schreibmaterial werden Fingerfarben und Wachsmalkreiden bevorzugt. Kreise, Girlanden und Arkaden, die den Schreibfluss fördern, sollten die Grundelemente sein.

Zum Spiel gehören ebenso Theater sprich sich Verkleiden, Singen und Tanzen und das Produzieren von Musik. Ein Kind benötigt immer wieder die Gelegenheit, sich durch das Verkleiden, oder einfach nur mit Masken verhüllt, auszudrücken und in andere Rollen zu schlüpfen. Auf diese Weise wird seine sprachliche und ebenso auch emotionale Ausdrucksfähigkeit gefördert. Auch Finger- und Handpuppen erfüllen diesen Zweck. Oft genügt auch schon ein einfacher Pappkartonrahmen, durch den das Kind wie ein Fernsehsprecher sich mitteilen kann. Beim Tanzen lernt das Kind seine Bewegungen zu koordinieren und seine Gefühle zu offenbaren.

Frühzeitig sollen Kinder kleine Teams bilden dürfen, in denen sie gemeinsame Arbeiten eigenständig planen und durchführen. In Gesprächskreisen werden aufkommende Konflikte besprochen und Lösungsstrategien gefunden. Dabei sollen die Kinder von Anfang an lernen, sich in Ich-Botschaften auszudrücken. Es ist der erste demokratische Lernprozess, den sie außerhalb der Familie durchlaufen. Auf diese Weise werden zudem Sozialformen wie Gruppenarbeit und Gesprächskreis in noch spielerischer Form vorbereitet und geübt.

Das Kind ist in dieser Alterstufe geprägt von Entdeckerfreude und Gestaltungslust. Es ist buchstäblich ein Verbrechen, wenn diese natürlichen Veranlagungen und Bedürfnisse mit "Lehrgängen" und Plänen unterdrückt und behindert werden. In dieser Phase haben sog. lineare Leistungsmessungen nichts zu suchen! Bis zum Schulanfang werden mit Sicherheit alle Kinder annähernd den gleichen Entwicklungsstand, aber eben oft auf sehr unterschiedliche Weise erreichen. Die Qualität und Auswahl der Angebote sind neben den natürlichen Veranlagungen verantwortlich dafür, ob ein Kind bereits mit Formen und Kombinationen und Zahlen geschickt umgehen kann, ob es sich sprachlich gefördert ausdrücken kann, ob es ein bereits sensitives Empfinden für Farben, Bewegung oder Musik aufweist oder ob es andererseits ein erstaunliches Sozialverhalten hat. Vier sehr unterschiedliche Bereiche, die z.B. von der Familiensituation – Einzelkind oder größerer Familienverbund -, von musischen Reizen, wie z.B. Musik, Vorlesebücher, "Lernspiele", malen und gestalten mit verschiedenen Materialien und von der Ansprache im Elternhaus beeinflusst werden. Ich habe über zwanzig Jahre hin weit mehr als tausend Kinder auf ihre Schulreife bzw. Schulfähigkeit hin überprüft, und zu meiner eigenen Verblüffung war der erste Zahnwechsel immer das sicherste Indiz dafür, dass ein Kind schulreif war. Es ist wie ein Signal des Körpers, der so mitteilt: jetzt ist es soweit!

Leider missverstehen viele Erzieherinnen im Kindergarten ihren Beruf, sie wären wohl allzu gerne Erstklasslehrer! Ich erinnere mich an einen Pflichtbesuch, den ich in einem Kindergarten einer großen internationalen Privatschule zu absolvieren hatte. Ich sollte mir vor Ort ein Bild über den aktuellen Entwicklungsstand unserer künftigen Schulanfänger machen. Ich ging davon aus, dass ich mich mit den Kindern im Spiel und Gespräch auseinandersetzen könnte. So war ich es ja von meinen früheren Besuchen in den Kindergärten gewohnt, die im Sprengelbereich meiner Schule lagen und sich an unserem Einschulungsprogramm, das sich von November bis September im folgenden Jahr erstreckte, beteiligten. Doch weit gefehlt! Ich wurde wohl schon erwartet, denn alle ca. 20 Kinder saßen so verteilt im Gruppenraum an ihren Tischen, dass sie absolut "ungestört" das vor ihnen auf dem Tisch liegende Arbeitsgeheft bearbeiten konnten. Sie hatten ihre Arme hinter der Stuhllehne verschränkt und blickten angespannt auf ihr Testheft und die genau sortierten Buntmalstifte vor ihnen auf dem Tisch. Es herrschte Totenstille im Raum, ich wagte nur im Flüsterton einen Gruß von mir zu geben, der seitens der energischen Erzieherin nicht unbedingt erwünscht war.

Schulaufgabensituation wie im Gymnasium! Ich durfte mich an die Rückwand setzen, und dann ging es endlich los. Mit ihrer durchdringenden Stimme gab die Erzieherin die Anweisungen zur ersten Aufgabe und sofort legten die kleinen "Roboter" los. Ich versuchte, einige Blicke einzufangen, doch die Anspannung der Kinder, um nicht zu sagen die Angst, machte mein Unterfangen ziemlich aussichtslos. Die Erzieherin blickte zur Uhr, und ein durchdringendes "Stop" beendete die erste Aufgabe und die kleinen Ärmchen flohen wieder hinter die Stuhllehne. Dieses ganze Horrorspiel wiederholte sich 45 Minuten lang, bis Teil 1 bearbeitet war. Dann wurde den Kindern zwei Minuten Laufen im Kreis im Vorgarten verordnet, um mit Teil 2 in ähnlicher Weise fortzufahren. Nach eineinhalb Stunden war der Alptraum beendet und ich erhielt die Gelegenheit, mir anzuhören, welche Kinder auffällig seien und wohl noch nicht eingeschult werden könnten. Allerdings keiner der kleinen "Roboter" ließ bei diesem entsetzlichen Schauspiel Funktionsstörungen erkennen! Sie funktionierten schlichtweg, warum auch immer!

Es war für mich die wohl negativste Erfahrung, die ich mit einer Erzieherin bzw. mit einem Kindergarten machen musste, denn zeitgleich wurden so auch in anderen Gruppen die Kinder auf ihre Schulfähigkeit überprüft! Eine Situation wie sie sich schlimmer in der Schule nicht abspielen könnte, aber dann wohl selten so auch stattfindet. Der Kindergarten sollte die Kinder auf ihrem Weg zur Schule hin behutsam begleiten, eben einen möglichst gleitenden Übergang vom Elementarbereich zum Primarbereich anstreben, aber nicht von falschem Ehrgeiz besessen eine Verschulung initiieren. Erzieherinnen, die so arbeiten, haben den Sinn der Erziehung im Kindergarten und ihrer Profession nicht begriffen. Sie sind ausschließlich pädagogisches Fachpersonal, das mit der Fortführung der Erziehung des Elternhauses betraut ist. Sie haben keine kognitiven Lehrpläne zu verfolgen. Eltern eines solchen und eventuell ähnlichen Kindergartens sollten schnellstmöglich ihre Kinder "retten".

Im Gegensatz dazu hatte ich schon viele Jahre vorher ein Programm für den gleitenden

Übergang entworfen und nahezu zwanzig Jahre lang erprobt und an meiner Schule durchgeführt. Viele andere Schulen haben es bayernweit ebenfalls übernommen, nachdem ich es bei einem überregionalen Seminar, "Der gleitende Übergang vom Elementar- zum Primarbereich", vorstellen durfte.

Übersicht:

1. Oktober/November: Elternabend im Kindergarten mit dem Schulleiter oder einer entspr. Fachlehrkraft. Thema: "Wann ist mein Kind schulreif?"
2. Dezember: Einladung der künftigen Schulanfänger zur Weihnachtsfeier der Grundschule.
3. Januar: Elternabend für die Eltern der künftigen Schulanfänger in der Grundschule. Thema: Die Grundschule stellt sich vor – Der Weg meines Kindes in die Grundschule.
4. Januar – April: Hospitationen der Lehrer im Kindergarten, kennenlernen der Schulanfänger und u.U. spezielle Sichtungen von Zweifelsfällen, ev. auch Tests durch den Schulleiter nach

Gesprächen mit den Eltern, Erzieherinnen und dem jeweiligen Kinderarzt.

5. Mai: Tag der Schuleinschreibung in Kleingruppen (ca. 10 Kinder mit drei Lehrern) mit einem speziellen Programm seitens der Schule (ca. drei Unterrichtsstunden). Inhalte: Singen und tanzen, Dinge in einem Sack ertasten, fühlen und beschreiben, Vorlesegeschichte im Erzählkreis mit anschl. Erstellen eines Gruppenbildes, Bewegungsspiele in der Sporthalle. – Begleitendes Protokoll durch eine Lehrkraft.

Nach der Rückkehr in den Kindergarten verspeisen die Kinder einen Obstsalat, der von den jüngeren Kindern der Gruppe vorbereitet wurde. Alternative: Eisessen mit den Eltern.

6. Juni/Juli: Einladung der zukünftigen Schulanfänger zum Schulfest der Grundschule.

7. September: "1.Schultag" – Begrüßung der Schulanfänger durch den Schulchor, auch mit dem Tanzlied von der Schuleinschreibung; vorher ordnet sich jedes Kind entspr. ausgehängter Listen mit einem Anstecker seiner neuen Klasse und Lehrkraft zu. Im Klassenzimmer erwartet die Kinder das von ihnen erstellte Gruppenbild von der Schuleinschreibung.

8. Ende September: Besuch der Erzieherinnen aus dem Kindergarten in den 1.Klassen.

Das Ergebnis dieses immer noch mehr verfeinerten Programmes war, dass wir nach den ersten beiden Jahren kein Kind mehr zurückstellen oder von alternativen Schulen überprüfen lassen mussten. Jedes Kind war in seiner Schule zum richtigen Zeitpunkt angekommen! Es konnte immer nur ein "Lernziel" geben: Reifen lassen, Zeit lassen, neugierig mitverfolgen und behutsam begleiten!

Die Sucht, immer noch früher zu verschulen, die Kinder mit sog. Wissen zu füttern, das regelmäßig abzufragen und zu überprüfen ist, belastet und zerstört manchmal die noch kleinen, unfertigen Persönlichkeiten, die ihren Weg in die Welt erst noch finden müssen. Dabei wollen sie nicht gegängelt und manipuliert oder gar gedrillt werden. Natürlich brauchen sie noch in vielen Augenblicken die Hand, die sie hält und wie unsichtbar führt. Es ist eine wundervolle Aufgabe für jede Erzieherin bzw. jeden Erzieher, Wegbegleiter sein zu dürfen. "Hilf mir, ich bin doch dein Kind" oder anders formuliert: "Halte mich, dass ich nicht strauchle!" In einem Kindergarten habe ich beim Abschlußfest ein Gedicht gehört, dessen zwei letzte Zeilen ich nie mehr vergessen kann: "Oh, Kinderzeit voll Lust und Glück, jetzt kehrst du niemals mehr zurück!" Eine wunderschöne Liebeserklärung an den Kindergarten fürwahr!

Kinder im Grundschulalter: Die jungen Rebellen

Die Grundschule ist oft ein Abenteuer und eine Herausforderung für Kinder, Eltern, Lehrer und so manches Mal auch für die Familien! Die Schule verändert alles! Mit dem ersten Schultag beginnt nicht nur ein neuer Lebensabschnitt des Kindes, viel mehr noch wird sich das Kind selbst wesentlich verändern! Der vor allem seelische Stress, dem das Kind von heute auf morgen ausgesetzt ist, wird nicht nur von den meisten Eltern total unterschätzt, sondern ebenso von den Lehrern, die einen großen Anteil an der belastenden Situation mittragen. Plötzlich muss sich das Kind unter ausschließlich gleichaltrigen Kindern behaupten und ist dabei gänzlich allein auf sich gestellt. Es muss sich seinen Platz in einer neuen Umgebung und Gemeinschaft suchen. Es muss sich über viele Stunden des Stillsitzens und Abwartens neuen Regeln fügen. „Geduld" und extreme Frustrationstoleranz werden einfach als selbstverständlich vorausgesetzt. Häusliche

Wärme und Geborgenheit existieren nicht mehr. Und dazu kommen noch die Erwartungshaltungen der Schule und vor allem auch der Eltern. Das Kind wird einer unmenschlichen Drucksituation ausgeliefert und keiner ist sich dessen bewusst.

Ich erinnere mich an mein drittes Dienstjahr als Junglehrer und den ersten Elternabend meiner 1.Klasse. Irgendwann meldeten sich Cornelias Eltern. Sie hatten Zweifel, ob ich in meiner Unerfahrenheit als Lehrer geeignet sein würde, ihr Kind für die spätere Universität vorzubereiten. Denn selbstverständlich sahen sie schon damals ihr Kind im weißen Kittel einer Ärztin. Doch Cornelia lebte längst in ihrer eignen Welt. Sie verbrachte den Schultag ausschließlich damit, viele bunte Kreise zu malen. Ihr Weg in die Sonderschule für geistig behinderte Kinder war nicht zu vermeiden. Viele Eltern richten die Erwartungen an ihr Kind ausschließlich an ihren eigenen Wunschvorstellungen aus, nicht aber an den Möglichkeiten und Wünschen ihres Kindes. Das Ergebnis sind rebellierende Kinder, die sich instinktiv diesem unerträglichen Druck widersetzen. Und dabei müssen wir noch froh sein, wenn sie sich laut und aggressiv dieser Unerträglichkeit widersetzen. Denn, wenn sie sich still leidend zurückziehen, oder Nacht für Nacht von Alpträumen geplagt werden, oder unter Essstörungen leiden, kommt oft schon jede Hilfe zu spät. Solange sich die Kinder an den Eltern reiben und scheinbar unkontrolliert aufbegehren, haben die Eltern noch Zugang zu ihnen. Kinder, die nichts mehr erzählen, die nicht mehr mit ihren Eltern streiten, haben sich entfernt von ihnen und leben in ihrer eigenen (Fantasie-)Welt, in der alles möglich ist!

Kinder leben meist ein „Doppelleben", sie sind in der Schule gänzlich anders als zu Hause. Die erste Lehrerin wird von ihnen bewundert und verehrt. Die Eltern rücken vorübergehend ins zweite Glied. Eltern sollten es mit Humor nehmen! Eifersucht ist unangebracht! Das Kind sucht seinen Platz in der Welt. Gerade in dieser Phase ist es besonders wichtig, das Kind ernst zu nehmen und zu versuchen, es zu verstehen. Kluge Eltern machen sich zum Kumpanen seiner berechtigten Rebellion. Das Kind braucht Hilfe, um Kind sein und bleiben zu dürfen! Doch allzu oft wird diese "positive Rebellion" verkannt und vollkommen falsch beurteilt! Es läuft ein ähnlicher Prozess wie bei der Titulierung von Aggression ab.

Jedes Kind wird mit einer Aggression, mit einer positiven Aggression geboren. Es ist die Lebensenergie, die in ihm steckt und mit der es sich auf seine Forschungsreise "Leben" begibt. Es benötigt diese Energie, um leben zu können und um sich seinen Platz im Leben und in der Gemeinschaft zu suchen . Dazu ein Beispiel, das ich in diesem Zusammenhang gerne anführe. Eine Mutter sitzt mit ihrem Kleinkind am Küchentisch. Auf dem Tisch steht eine offene Zuckerdose. Liebevoll beschäftigt sich die Mutter mit ihrem Kind. Doch plötzlich wird diese Zweisamkeit durch einen Telefonanruf unterbrochen. Der Anruf dauert für das Kind nicht nachvollziehbar lange. Es langweilt sich und patscht unruhig mit seinen Händen auf den Tisch. Es will sich eigentlich nur bei der Mutter in Erinnerung bringen. Noch fehlt ihm dafür die Sprechkompetenz, die dieses Problem lösen könnte. Seine Aktivität wird heftiger, im Kinderstuhl "gefangen" bleibt ihm nur diese Art der Kommunikation. Nur so kann es sich mit eben seiner Energie bemerkbar machen. Doch dann passiert etwas Unvorhergesehenes. Das Kind erwischt unabsichtlich die Zuckerdose. Die Zuckerdose fällt um, der Zucker wird ringsum auf dem Tisch und auf dem Boden verstreut. Die Mutter wird endlich durch dieses Malheur zur Freude des Kindes herbeigeholt, doch wird die freudige Überraschung des Kindes abrupt durch den entsetzten Aufschrei und die erregte Reaktion der Mutter abgebrochen! Seine positiv empfundene Lebensenergie, die ihm half, die Mutter endlich herbeizuholen, wird durch deren Reaktion zu einer negativen Aggression umgekehrt: "Das Kind hat auf die Zuckerdose eingeschlagen." Das Kind war und ist nicht aggressiv, doch wir bezeichnen seine Reaktion letztendlich als Aggression, die für uns auf Grund des angerichteten Schadens und der Reaktion der Mutter negativ wird. Wir, seine Umgebung belegen die positive Aggression, die positive Energie durch unsere Reaktionen negativ und geben so dem Begriff "Aggression" eine vollkommen anderen Hintergrund.

Es stellen sich einige Fragen: Sind Kinder aggressiv? Wann sind Kinder aggressiv? Vor allem aber, warum entwickeln Kinder Aggressionen? Der Entritt der Kinder in die Grundschule wird oft von gravierenden Vorverurteilungen belastet. Es sind nicht nur die manchmal vom Kindergarten vorgefärbten "Erkenntnisse" über ein Kind, die unbedacht, natürlich meist auch in guter Absicht weitergegeben werden, es sind manchmal auch die "Erfahrungen", welche die Schule mit einer Familie gesammelt hat, mitunter sogar einst mit dem Vater oder der Mutter des Kindes während deren Grundschulzeit. Dann heißt es z.B.: Vorsicht, dieses Kind ist aggressiv u.a.! Bereits in meinem ersten Dienstjahr als Junglehrer musste ich diesbezüglich erschütternde Bekanntschaften mit der Absurdität mancher Erziehungsmethoden, mit einer erschreckenden Realität, wie sie in der Schule stattfinden kann, machen. Ein besonders dramatisches Beispiel einer Vorverurteilung und ihre Folgen!

"Konzentrieren sie sich ausschließlich auf die Kulturtechniken, Lesen, Schreiben und

Rechnen, alles andere ist nicht bedeutend! Und, wenn sie mit irgendeinem Kind ein Problem haben sollten, dann rufen sie mich, ich werde das dann für sie regeln." Mit diesen Worten und einigen Vorwarnungen mehr wurde ich so kurz vor Ostern, also nach etwa acht Monaten des Schuljahres, auf dem Flur vor dem Klassenzimmer meiner neuen Klasse, einer 1.Klasse, vom Schulleiter eingeführt. Noch ahnte ich nicht, welch besondere Kinder hinter der verschlossenen Tür auf mich warteten. Der Schulleiter klopfte an und vor uns erschien eine sichtlich gekennzeichnete Lehrerin, die bislang diese Klasse geführt hatte. Sie nahm rasch ihre Tasche und verschwand. Der Schulleiter stellte mich den Kindern vor: "Das ist euer neuer Lehrer, Herr Hepke. Seid mir ja anständig und brav, ich will nicht wieder Ärger mit euch haben. Ihr wisst ja, was euch sonst blüht!" Sprach´s und schloß die Tür hinter sich. Zur Erinnerung: eine 1.Klasse! Nach dieser Ankündigung und meiner unmissverständlichen Präsentation durch den Schulleiter musste ich eine wohl schreckliche Rasselbande vor mir haben. Ängstliche Blicke richteten sich noch zur Tür, durch die der Schulleiter verschwunden war, so als ob die Kinder mit seiner Rückkehr rechneten. Welch beklemmende Situation! Es dauerte eine ganze Weile, bis sie sich wirklich mir zuwandten. Was war da nur passiert? Sie waren verunsichert, beinahe verängstigt. Wo war die Begeisterung, die Neugier, die Kinder einer 1.Klasse doch meist zeigen? Wo war das Strahlen in ihren Augen? Wo und warum hatten sie es verloren? Wer hatte es ihnen geraubt? Die Antwort folgte auf den Fuß! Sie sollte meine gesamte berufliche Karriere mitprägen. Wir hatten in der nächsten Stunde einen Lesetext erarbeitet und die Kinder sollten zu der Figur, die sie am meisten beeindruckte, ein Bild malen. Ich hatte Musik angeschaltet, eher leise, beruhigende Musik. Dann und wann kam ein Kind zu mir, um sich lobende Worte für das entstehende Gemälde zu holen. Da wurde die scheinbar harmonische Arbeitsatmosphäre von einigen Kindern durch lautes Protestgeschrei durchschnitten. Und wie abgesprochen schrie einer nach dem anderen: "Der Stefan...der Stefan...der Stefan...! Der Stefan nimmt uns unsere Stifte!" Und Stefan handelte schnell und spontan und warf die "geliehenen" Stifte und einige mehr quer durch das Klassenzimmer. Aus der scheinbar harmonischen Stille war ein Chaos entstanden. Ich erinnerte mich an die zuvor erhaltenen "pädagogischen Ratschläge" und zog den Störenfried Stefan mit überraschend wenig Widerstand vor die Klassenzimmertür. Ich wollte eigentlich nur das unüberschaubere Chaos entflechten und mit ihm sprechen. Ich ahnte nicht, dass uns auf dem Flur der Schulleiter erwarten könnte. Und schon war es passiert! Er stürzte auf den Übeltäter zu, und noch bevor ich etwas sagen konnte, noch bevor ich mich mit dem Kind auseinandersetzen konnte, um zu klären, was denn passiert war, schlug er mehrfach auf den kleinen Jungen ein. Mit seiner Wucht brachte er das ganze Kind ins Wanken und erklärte mir dabei, dass bei dem Jungen nichts anderes helfen würde. Und er fügte an, dass ich jetzt wohl eine Weile meine Ruhe haben würde. Ich zitterte am ganzen Leibe, wahrscheinlich noch mehr als der kleine Stefan, der ins Klassenzimmer zurückeilte, wo er sich dann eher in Sicherheit wähnte. Ganz offensichtlich war ihm diese Situation zumindest nicht fremd. Ich war so geschockt von dieser Aktion, dass ich die Erklärungen, die der Schulleiter noch hinterherschickte, gar nicht mehr wahrnahm. Sie sollten später erneut und ausführlich folgen. Ich hatte schlagartig begriffen, dass ich nie mehr auf derartige "Hilfe" bauen sollte. Ich ging ins Klassenzimmer zurück, ich spürte Erleichterung, als ich die Tür hinter mir geschlossen hatte. Um mich herum herrschte Totenstille. Und zurück waren die verstörten, verängstigten Blicke. Die Kinder warteten gespannt, was passieren würde, wie ich reagieren würde. Viele Köpfe waren gesenkt. Dann vernahm ich ein leises Schluchzen. Ich bat Stefan zu mir an meinen Schreibtisch. Nur zögerlich entschloß er sich der wohl nächsten Lektion auszuliefern. Er kannte mich ja noch nicht! Er blieb ein Stück entfernt von mir stehen. "Komm zu mir, Stefan, komm her!" Ich nahm ihn in meine Arme, ich drückte ihn an mich. Aus dem Schluchzen wurde ein jämmerliches Weinen: "Alles wird gut werden, alles wird gut," sagte ich leise, doch selbst die Kinder, die es nicht wirklich gehört hatten, verstanden es. In ihren Augen schien neue Hoffnung zu erwachen, ein zunächst noch zerbrechliches Strahlen kehrte zurück. Es schien, als hätten wir uns gefunden, wenn auch unter sonderbar fürchterlichen Umständen. Mir persönlich war eine schreckliche, aber doch so wichtige Lektion erteilt worden.

Bevor ich mittags nach Hause ging, wurde ich noch in die Schulleitung gebeten. Der Schulleiter und seine Stellvertreterin sahen sich doch veranlasst, mir zu diesem Vorfall noch einige Erklärungen, oder besser gesagt, eine Auflistung der Missetaten des kleinen Jungen nachzureichen. Die Konrektorin erklärte dazu im süffisanten Tonfall und lächelnd, dass dies eben Familientradition sei, denn der Vater des Jungen sei nicht anders gewesen! Ich begriff! In den nächsten Tagen erklärten mir dann auch noch hinter vorgehaltener Hand einige Kolleginnen mitfühlend mit, dass man in dieser Klasse alle unzumutbaren Kinder gesammelt hätte, soweit das aus den jeweiligen Familiengeschichten der Eltern ja schon bekannt war, oder eben dann vom Kindergarten als Vorwarnung mitgereicht wurde. Diese Klasse konnte man daher keiner der Lehrerinnen aus dem Stammpersonal zumuten. Es war so zu sagen die Klasse der Ausgestoßenen, eine 1.Klasse!

Ich führte die Klasse bis zum Ende des 2.Schuljahres und sollte nicht nur mit Stefan, aber ganz besonders mit ihm noch einige kritische Situationen gemeinsam zu überstehen haben.

Ergebnis:

1. Stefan war im Alter von wenigen Wochen in Decken gewickelt der Großmutter vor die Tür gelegt worden.
2. Sein Vater war schwer am Herz erkrankt und konnte nur eingeschränkt für die Familie sorgen, die leibliche Mutter hatte "kapituliert".
3. Stefan war immer ein kleines, zierliches Kind und wurde von seinen Großeltern angehalten, sich z.B. im Kindergarten ggf. auch mit beißen und zwicken zur Wehr zu setzen.
4. Die Folge war, dass man ihm schon im Kindergarten einen ähnlichen

Charakter zuschrieb, wie ihn wohl der Vater gehabt haben soll.

5. Mit diesen Erkenntnissen kam er in die Schule, wo sich einige der Damen nur ungern an seinen Vater erinnerten.

6. Logische Folge: Er sei genauso wie sein Vater war, das sei vererbt!!!

7. Stefan bekam nie eine Chance, seine eigentlich positiven und wertvollen Eigenschaften zu präsentieren, die im künstlerischen und, so paradox es klingen mag, im sozialen Bereich lagen.

8. Er litt extrem unter dieser Aburteilung, er hatte noch lange mit Bettnäßen zu kämpfen.

9. Er sollte noch in der 1.Klasse in die Sonderschule für Kinder mit Erziehungsschwierigkeiten und entsprechenden Auffälligkeiten eingewiesen werden, was ich mit meinem persönlichen Einsatz verhindern konnte. Zur 3.Klasse gelang es mir, für ihn den Wechsel in eine andere Grundschule zu organisieren.

Stefan ist nur ein Kind von vielen, die auf Grund von Vorurteilen und Vorverurteilungen falsch beschult, oder zumindest falsch behandelt werden. Sie sind in gewisser Weise auffällig und scheinen sich nicht anpassen zu können oder zu wollen, mitunter werden sie gar als aggressiv oder nicht sozialisierbar bezeichnet. Doch ist dies nicht annähernd zutreffend! Reaktionen, wie sie Stefan mehrfach und immer wieder gezeigt hat, wenn er z.B. auf dem Pausehof, der auch als Lehrerparkplatz benutzt wurde, gezielt Autos zerkratzte oder Antennen umbog, oder seinem Intimfeind, dem Hausmeister, Säcke des Putzmittels, das in der Jungentoilette deponiert war, aufschnitt, waren nichts anderes als die Rebellion gegen eine falsche und in seinen Augen ungerechte Behandlung ihm gegenüber. Statt zu bestrafen, statt ihn immer zum Sündenbock abzustempeln, wären gemeinsame Gespräche mit ihm und auch mit seiner Großmutter, die sich liebevoll um seine Erziehung bemühte, der bessere Weg gewesen. Doch darin steckt das Problem, mit dem Schule – Eltern – und Kinder oft zunehmend mit dem Eintritt in die Grundschule zu kämpfen haben:

Es ist der schädliche Versuch, alle Kinder gleichzuschalten Es ist wie eine geistige und seelische Uniformierung, schlichtweg eine kontraproduktive "Erziehung", bei der Individualität und Kreativität nicht von Bedeutung, vielleicht sogar störend sind.

Einer der wichtigsten Maßstäbe der Lehrer, ob ein Kind den Anforderungen der Grundschule genügt, ist die Frage nach der Aufmerksamkeit, man sollte sie vielleicht besser als Lehrerzentriertheit bezeichnen. Noch immer wird den Kindern erklärt: "Du musst immer aufmerksam auf den Lehrer achten, ihn anschauen und ihm gut zuhören. Deswegen musst du "anständig" auf deinem Platz sitzen und dich von nichts ablenken lassen, auch nicht von deinem Nachbarn!" Für die meisten Lehrer ist schnell klar: Wenn ein Kind nicht in einer normierten Haltung auf dem Stuhl sitzt, die Augen auf den Lehrer fixierend, dann gilt es bereits als unaufmerksam. Wenn ein Kind nicht, in seiner Geduld längst überfordert, bis zur Unendlichkeit wartet, dass es seinen Beitrag einbringen kann, dann ist es unaufmerksam und besitzt eine mangelnde Frustrationstoleranz. Wenn ein Kind nicht auf die zu eng formulierten Fragen eines Lehrers konkret antwortet, dann ist es unaufmerkam und verfolgt den Unterricht nicht mir der notwendigen Aufmerksamkeit. Das lässt sich noch um ein Vielfaches fortsetzen. Es ist die Ausgangssituation in der Schule, mit der heute unzählige Kinder konfrontiert werden, weil es der Erwartungshaltung der Schule allgemein entspricht. Da hilft es auch wenig, wenn man sich bewusst macht, dass diese sog. Unaufmerksamkeit in Wirklichkeit ihre Ursachen bei vielen Lehrern hat, die das Abschweifen des Kindes vom sog. Thema, das Aussteigen des Kindes aus dem Unterrichtsgespräch, den Interessenwechsel des Kindes auf unterrichtsfremde Vorgänge, die dann schließlich auch noch als Störungen definiert werden, durch ihre methodisch ungeschickten Schritte gar erst provozieren. Statt mit offenen und stummen Impulsen zu arbeiten, die es jedem Kind ermöglichen, sich an ein Thema heranzuarbeiten, seine vielfältigen Ideen, und durchaus vorhandenen Erfahrungen einzubringen, statt dem Kind die

Möglichkeit zu geben, zu entdecken, zu erforschen und mit Erstaunen zu finden, erdrücken viele Lehrer durch eng geführte und unzählige Fragen, für die sie nur eine einzige richtige Antwort erwarten, jegliche Kreativität und Fantasie der Kinder. Sie demonstrieren damit, dass ausschließlich der Lehrer alles weiss und erklären kann und dass sie noch meilenweit von der Wissenswelt des übermächtigen Lehrers entfernt sind. Sie versuchen sich gegen diesen Zwang zur Tatenlosigkeit, zur Passivität auf ihre Weise zu wehren. Es ist die friedlich Art der Rebellion, wenn sie sich dann letztendlich nur interessantereren Dingen zuwenden und abwarten, bis sie schließlich die ultimativ richtige Erkenntnis, die sie zu pauken und zum gegeben Zeitpunkt möglichst wörtlich perfekt abzurufen haben, vom Lehrer präsentiert bekommen. Manche Kinder gleichwohl werden diese Rebellion auch lautstark deutlich machen und laufen so Gefahr zunächst Strafen zu erhalten, oder gar in die Ecke zu den sog. ADHS-Kindern gestellt zu werden, doch darüber später mehr. Nur die als "brav und fleißig" bezeichneten Kinder nehmen diese

Situationen einfach hin, denn so hat man sich schließlich in der Schule zu benehmen!

Aus diesen Situationen erklärt sich, warum der Eintritt in die Schule und die Schule ganz allgemein für die Kinder ganz besonders, aber auch für die Eltern und den Rest der Familie eine immense Herausforderung darstellen und warum es dringend erforderlich ist, den Kindern gerade im Elternhaus in sensibelster Weise Aufmerksamkeit, Verständnis und endlose Geduld entgegenzubringen. Die Kinder müssen das Gefühl haben, dass sie verstanden und geliebt werden, dass jedes noch so kleine Problem ein bedeutendes Problem ist. Wir müssen uns Zeit für Gespräche nehmen, Gespräche von Angesicht zu Angesicht, wir müssen in sie hineinhören und uns in sie hineindenken. Es hilft nicht, über die Schule und die Lehrer zu schimpfen, es geht um Strategien, die wir mit den Kindern gemeinsam suchen und finden müssen, die ihnen helfen, in dem Konfliktfeld "Schule" unbeschadet leben und arbeiten zu können. Es ist Arbeit, ernstzunehmende Arbeit vom ersten Schultag an. Deswegen brauchen alle Kinder genügend Freiraum zur Erholung, zum körperlichen Ausgleich und zur aktiven Erholung! Darunter ist jedoch nicht ein perfekt geplantes Freizeitprogramm zu verstehen. Sie brauchen wortwörtliche Freizeit, Zeit und Raum, um (endlich) kreativ sein zu dürfen, oder auch um einfach einmal nichts zu tun. Bekommen sie diese Möglichkeit nicht, wird sich ihre Rebellion auch auf zu Hause ausdehnen und sie werden letztendlich dritte Personen suchen, die sie einfach nur verstehen und sie lassen, wie sie nun einmal sind!

Wenn Kinder aus dem Rahmen fallen:
Der Trugschluss: Krankheit – ADHS

Wenn Rebellion zur anhaltenden Störung wird, gibt es in zunehmendem Maße meist nur eine Erklärung: ADHS!

„Bevor ein Kind spricht, singt es. Bevor sie schreiben, malen sie. Sobald sie stehen, tanzen sie. Kunst ist die Grundlage menschlichen Ausdrucks." (Phylicia Rashad) Setzen wir doch mal diese Satzreihe fort: Bevor sie funktionieren müssen, sind sie Kinder. Bevor sie unterdrückt und unter Druck gesetzt werden, lachen und leben sie. Bevor sie Ritalin einnehmen mussten, hatten sie eine vielleicht nicht immer einfache, aber einzigartige und wundervolle Persönlichkeit …..! Oder wie ich kürzlich in einem Interview mit einem Lehrer einer Heimschule gehört habe: „Kinder wollen nach oben und werden nach unten gedrückt!" So u.a. sind Kinder, von denen behauptet wird, sie hätten eine Krankheit, namens ADHS, die eigentlich gar nicht existiert. Das sogenannte ADHS definiert sich in drei Säulen:

Aufmerksamkeitsdefizit, Hyperaktivität sprich motorische Unruhe und Impulsivität! Doch wer kann beweisen und messen, dass ein Kind unaufmerksam ist? Für die meisten Lehrer ist schnell klar: Wenn ein Kind nicht den gesamten Unterrichtstag über an seinem Frage-Antwort-Spiel teilnehmen kann, dann ist es unaufmerksam. Ergebnis: Das Kind hat ein Aufmerksamkeitsdefizit! In Wirklichkeit aber, wie wir vorher festgestellt haben, liegen die Ursachen beim Lehrer, der mit seiner ungeschickt aufbereiteten methodischen Unterrichtsgestaltung das Kind buchstäblich zum Aussteigen aus dem Unterrichtsgespräch zwingt! Das Kind will aktiv am Unterricht teilnehmen, deswegen kommt es ja zur Schule, wird aber zur Passivität gezwungen. Das ist zu viel verlangt von vielen Kindern und so beschäftigen sie sich stattdessen mit unterrichtsfremden Vorgängen, die letztlich zu motorischer Unruhe und Störungen führen. Ergebnis: Das Kind ist geprägt von motorischer Unruhe!

Ich erinnere mich an einen Jungen, der eine meiner 3./4.Klassen besuchte. Er war beinahe schon ein Balance-Künstler, denn die allermeiste Zeit des Unterrichts verbrachte er auf einem Stuhlbein balancierend, oder eben schließlich unter seinem Tisch. Jeden „Absturz" kommentierte er mit seinem eigenen Humor und lustigen Selbstgesprächen. Die Kinder der Klasse (und auch ich) hatten sich so sehr an ihn gewöhnt, dass sie an den Tagen, an denen er wegen Krankheit u.a. fehlte, sofort nach ihm fragten. Nun könnte man vermuten, dass er kaum etwas vom Unterricht aufnehmen konnte, doch weit gefehlt! Wann immer ich ihn, eben auch unter seinem Tisch, nach speziellen Inhalten fragte, gab er mir sehr präzise und genaue Antworten. Er war, wie man so sagt, ein guter Schüler! Heute würde er als ADHS-Kind abgeurteilt und mit Medizin vollgestopft werden. Ich bevorzugte, vor und nach dem Unterricht mit ihm intensive Gespräche zu führen und mit ihm gemeinsame Strategiepläne zu schmieden, die ihm helfen sollten, seinen Schultag vorbereitend zu planen, bzw. zu reflektieren. Ein Teil des Planes war auch, dass er vielfältige „Botengänge" für mich erledigen durfte und so möglichst oft in Bewegung war. Seine Eltern stimmten bereitwillig dem Verzicht auf Medikamente zu und versuchten vielfältige Ratschläge familienintern umzusetzen! Heute ist er nicht nur ein sehr erfolgreicher Sportler und hat eine verantwortungsvolle Führungsaufgabe in einem eher praktischen Beruf, sondern er ist auch ein liebevoller Familienvater.

Kinder wollen sich äußern, sie wollen sich mit ihrem ganzen Körper ausdrücken, sie wollen ihre spontanen Ideen einbringen können, sie wollen kreativ sein und sein dürfen. Genau das entspricht ihren natürlichen Veranlagungen. Doch, wehe dem Kind, das sich so verhält! Diagnose: Übersteigerte Impulsivität! Fazit: Mangelnde Aufmerksamkeit, motorische Unruhe und Impulsivität, das bedeutet, dieses Kind muss verändert, sprich ruhig gestellt werden, es hat eine Krankheit, die eigentlich keine Krankheit ist: ADHS! Wie war das doch? „Bevor ein Kind spricht, singt es! …Sobald sie stehen, tanzen sie!" Angelehnt an eine Aussage von Dostojewski über „besondere Kinder" sollte es heute vielleicht heißen: „Liebe mich, auch wenn ich anders bin, denn wenn ich ein genormtes Kind bin, wurde ich meiner einzigartigen Persönlichkeit beraubt!"

Wenngleich die Schulen oft erheblichen Anteil an der Fehldiagnose „Krankheit ADHS" tragen, wäre es ungerecht, nur in der Schule und bei den Lehrern die Ursache für viele Kinderschicksale und deren behinderte Zukunft zu suchen! Für Kinder mit nicht konformen Verhalten sind die Ursachen immer zuerst einmal in der Familie und ihrem sozialen Umfeld zu suchen! Doch Eltern dieser Kinder reagieren überrascht, wenn sie in der Familienberatung über die Schwangerschaft, die Geburt, die ersten Lebensjahre und letztlich über die aktuelle Familiengeschichte befragt werden.

Längere Zeit arbeitete ich mit einem 15-jährigen Jungen, dessen Ziehmutter verzweifelt bei mir Rat suchte, da die Probleme in der Schule in ein Ende seiner Schullaufbahn zu münden drohten. Er stand vor dem Übertritt in die Oberstufe. Seine leibliche Mutter verdiente ihren Lebensunterhalt als Prostituierte, Drogen- und Alkoholkonsum waren für sie und den leiblichen Vater üblich. Der Junge musste sechs Wochen vor dem berechneten Geburtstermin mit extremem Untergewicht und Atmungsproblemen in einer Notoperation geboren werden. Auf Grund eingeschränkter Lungentätigkeit wurde eine künstliche Beatmung notwendig. Als er schließlich nach etlichen Wochen das Krankenhaus verlassen durfte, wuchs er die ersten knapp zwei Jahre bei seiner Ziehmutter auf. Nach zwei Jahren musste er zur leiblichen Mutter und zu seiner Großmutter in ein exzessives Drogen- und Alkoholmilieu zurück. Gewalttätigkeiten waren an der Tagesordnung. Nach weiteren zwei Jahren kehrte er verstört zu seiner Ziehmutter zurück. Schon nach wenigen Wochen wurde für den Besuch des Kindergartens und später ebenso für die Grundschule die Einnahme von Ritalin als Bedingung gefordert, das der Allgemeinarzt bereitwillig verordnete. Diagnose: ADHS! So blieb es bis heute. Ohne Ritalin war und ist der Junge total verändert und zeigt eine andere Persönlichkeit. Mittlerweile verweigert er jedoch die Einnahme von Ritalin, da er „wieder er selbst" sein möchte! In den Schulen hat sich niemand für die Ursachen seines oft unkontrollierten Verhaltens interessiert. Feststellung: Er hat ADHS! In unseren Gesprächen zeigte er sich immer offen und bat mich mehrfach um Hilfe! Für den Übertritt in die Oberstufe haben wir gemeinsam mit der neuen Schulleitung einen Plan erarbeitet, der ihm helfen soll, sein schulisches Wunschziel zu erreichen.

Er ist nur ein Beispiel unter vielen! Sein Leidensweg wurde geprägt von schrecklichen Exzessen seiner leiblichen Eltern und seiner zeitweisen Umgebung, wofür er mit falschen Erziehungsmethoden und der Einnahme von Ritalin büßen musste! Viel zu viele weitere Beispiele sind mir im Verlaufe der Jahre begegnet. Eduard oder Florian oder Bachar oder, oder, oder? Eduard war ein Adoptivkind. Seine Eltern hatten ihn aus einem Kinderheim in Russland geholt, sie selbst waren deutschsprachig, lebten vorrübergehend in Spanien und schließlich in Mexiko, wo er in eine 3.Klasse zu mir kam. Er konnte kaum deutsch sprechen, nur katalanisches Spanisch und hatte größte Probleme nun sich im mexikanischen Spanisch zu verständigen. Sein Vater war ein erfolgreicher Manager und viel auf Reisen, seine Mutter engagierte sich weltweit in zahlreichen Organisationen für Kinder. Er hatte endlich ein Zuhause gefunden und war doch ohne Zuhause, ein ewiger Fremder in einem fremden Land. Er war geprägt von extremer innerer Unruhe, die sich logischer Weise in seinem gesamten Verhalten problematisch bemerkbar machte. Seine Mitschüler der Privatschule, in der er nun gelandet war, lehnten ihn vom ersten Tag an ab. Zu groß waren die Barrieren, die er ihnen präsentierte, denn er war nicht so elitär wie sie, nicht so fein gekleidet, allzu oft hatte er schmutzige Hände, auch sein Gesicht war oft schmutzig, da er sehr schnell heftig schwitzte. Er war ihnen zu ungestüm, zu wild, zu unberechenbar, zu spontan, denn er drückte mit seinem Körper und mit seinen Gesten aus, was ihm mit Worten nicht gelang. Unbedeutende Konflikte häuften sich und entsprechend die Beschwerden bei der Schulleitung. Die Fortschritte, die er täglich machte, interessierten nicht, er musste aussortiert werden. Unzählige Male wurde ich in die Schulleitung gerufen, da ich die Situation für sie lösen sollte, sprich mit schlechten Noten die fehlende Qualifikation für diese Schule belegen sollte. Man wollte sich mit den Eltern von Eduard nicht anlegen, denn sie waren schließlich „gute Kunden". Täglich vor und nach dem Unterricht setzte ich mich mit dem Jungen zusammen, um ihn auf den Tag vorzubereiten bzw. um den Tag zu reflektieren. Die Schulleitung drängte auf die Einnahme von Medizin sprich Ritalin, doch kam das in Absprache von mir mit den Eltern nicht in Frage. Wir überstanden gemeinsam dieses Schuljahr. Eduard kehrte mit seinen Eltern nach Spanien zurück, ich wechselte an die Universität. Ein Kind, geprägt, gekennzeichnet von seiner noch jungen Biographie und von den Umständen unter denen es lebte, ein Kind, das einer Schule unangenehm war, das anders als die anderen Kinder war, das den bevorzugten gesellschaftlichen Rahmen sprengte und daher aussortiert oder zumindest mit Medikamenten ruhig gestellt, sprich seiner Individualität beraubt werden sollte. ADHS ist keine Krankheit! Kinder mit Symptomen von ADHS brauchen persönliche, menschliche Hilfe, aber keine Medizin, denn ihre „Krankheit" kann nicht chemisch geheilt werden, da ihr als „Krankheit" die biologischen Gegebenheiten dafür fehlen.

1. Kinder mit Anzeichen, oder besser gesagt Auffälligkeiten von ADHS brauchen eine individuelle, verhaltensbezogene, erzieherische permanente Beratung bzw. Begleitung, die sie zunehmend kognitiv verarbeiten können.

2. Ihre Familien benötigen eine beratende Betreuung, die Hilfen zur Erziehung, zum Einhalten von wechselweisen Regeln und zur Formulierung von Anweisungen gibt und die Raum und Zeit für das Zuhören aufzeigt.

3. Die Schulen müssen kooperativ alle Maßnahmen mittragen und im gegenseitigen Austausch umsetzen. Das erfordert aber, dass die Lehrer erkennen: Die größten Lernerfolge werden dann erzielt, wenn Kinder

aktiv und mit eigenem Tun lernen dürfen!

„Wir glauben immer, Kinder lernen wie Schüler, aber das ist überhaupt nicht wahr! Kinder lernen wie Forscher: die müssen was machen, was tun." (Jesper Juul, Familientherapeut) Kinder haben von Geburt an eine natürliche Neugier, mit der sie Dinge kennenlernen und erforschen wollen, es ist eine spezielle positive Form der Lebensenergie. Wir freuen uns, wenn unsere Kinder laufen lernen, es ist Teil ihres normalen menschlichen Instinktes. Sitzen- und Stillhalten-müssen sind kontraproduktive Forderungen, die wir an die jungen Menschen stellen. Sie werden mit Recht rebellieren. Lasst die Kinder sein, wie sie sind, begleitet sie liebevoll und versucht nicht, sie zu verbiegen! Liebe, Wärme und Geborgenheit, Eltern, die sich Zeit nehmen für ihr Kind, die seine besonderen Fähigkeiten fördern wollen, die ihr Kind mit viel Geduld so nehmen, wie es eben nun einmal ist, helfen die Störfaktoren ADHS erfolgreich zu bewältigen.

Die jungen Erwachsenen: Entfremdung und Sprachlosigkeit - Familienkonferenz

Es ist Sonntagvormittag. Wie so oft um diese Zeit zähle ich die Schuhpaare vor der Zimmertür meines Sohnes. Meist sind es zwei oder auch mal drei Paare mehr. Es sind die Schuhe seiner Freunde, mit denen er gestern Abend spät nach Hause kam und die bei uns übernachtet haben. Jetzt weiß ich, für wie viele Personen ich gegen 12 Uhr Frühstück vorbereiten werde. Dann sitzen wir alle an einem großen Tisch, genießen das Frühstück und reden, reden über Gott und die Welt. Mancher der jungen Männer ist schon beinahe Stammgast bei uns. „Niemand nimmt sich sonst Zeit, mit mir stundenlang und über alles zu reden", erklärt einer der Jungs. Stundenlang, das heißt gegen vier oder fünf Uhr nachmittags werde ich sie wie meistens nach Hause fahren. Ich spüre, wie es nicht nur meinem Sohn, sondern auch den Gästen gut tut, einfach ungezwungen über alles zu reden. Sie brauchen das. Sie brauchen

Ansprechpartner. Sie brauchen jemanden, der sie ernst und sich Zeit für sie nimmt. Sie brauchen gleichberechtigte Gesprächspartner auf Augenhöhe. Es ist nicht neu für mich!

Einige Jahre vorher, als ich noch als Volleyballtrainer gearbeitet habe, da gab es den „Coca-Cola-Samstag". Da kamen die jungen Leute, Mädchen und Jungs gemischt, oft am Samstagnachmittag zu mir, um einfach so miteinander zu reden oder auf meinem Klavier rumzuspielen. Auch sie haben es geliebt, mit jemandem nur mal so reden zu können. Sie brauchten jemanden, der sich Zeit nahm für sie, der ihnen einfach lediglich zuhörte.

In diesen scheinbar harmlosen Geschichten spiegelt sich ein Problem vieler Familien wieder. So lange die Kinder noch klein sind, werden sie umsorgt und oft verhätschelt. Sie werden mit Liebe überhäuft und oft überängstlich bei jedem Schritt begleitet. Wir merken sehr häufig nicht, wie uns die Kinder davonwachsen. Es ist eine Entwicklung, die sich meist unbemerkt und doch beständig fortsetzt: die Sprachlosigkeit in der Familie!

Wird ein Kind geboren, können viele Eltern oft gar nicht mehr von ihm lassen und beschäftigen sich fasziniert in jedem Augenblick mit dem kleinen Wesen. In der Folgezeit warten sie gebannt auf das erste „Mama" und „Papa". Häufig mutieren sie gar selbst in sonderbare und lustige „Babysprache", weil sie das Empfinden haben, ihrem Kind dann vielleicht noch näher zu sein. Wer eigene Kinder hat, wird sich sicher an diesen kommunikativen Entwicklungsprozess in der Familie erinnern. Was in den darauffolgenden Jahren passiert, ist absolut sinnvoll und normal, denn gute Eltern werden versuchen, auf einer wachsenden Vernunftebene mit ihrem Kind zu sprechen. Damit signalisieren sie auch, dass sie ihr Kind ernst nehmen, dass sie seine Gedanken und ebenso seine Gefühle wahrnehmen und verstehen wollen, dass sie ihr Kind als ernsthaften und als ebenso gleichberechtigten Gesprächspartner betrachten. Doch eben mit diesen vertieften Gesprächen beginnt meist von beiden Seiten eine sicher unbeabsichtigte, doch zunehmende Gesprächslosigkeit. Man will sich nicht mehr mit den „unsinnigen"

Widersprüchen seines Kindes herumschlagen. Das Kind seinerseits stellt ernüchtert fest: „Meine Eltern verstehen mich sowieso nicht, sie hören mir ja nicht einmal zu", oder „...meine Eltern haben niemals Zeit für mich!" und auch umgekehrt:

Ich erinnere mich an einen Vater, der sich bei mir Rat einholte. Er konnte nicht verstehen, warum ihm sein 16-jähriger Sohn so fremd geworden war. Schließlich seien sie doch früher immer gemeinsam auf dem Fußballplatz gewesen. „Früher?" „Ja, das letzte Mal vor etwa sechs Jahren. Dann brauchte er mich doch nicht mehr!" Sie hatten sich schlichtweg einander entfremdet.

Wir wollen oft nicht registrieren, dass sich die Persönlichkeit unserer Kinder schrittweise weiterentwickelt hat und immer noch weiterentwickelt. Viele Mütter reagieren erschrocken und verwirrt, wenn ihr 14- oder 15-jähriger Sohn nicht mehr von ihnen geherzt und geküsst werden möchte, wenn er sich abdreht oder gar sagt, dass er das nicht will. Junge, heranwachsende Frauen und Männer beanspruchen mit Recht ihre eigene

Intimsphäre, körperlich und seelisch. Sie versuchen, ihre eigene Persönlichkeit zu festigen und sich ihrer Möglichkeiten und Grenzen bewusst zu werden. Sie wollen nicht nur akzeptiert, sondern verstanden und ernst genommen werden. Sie haben eigene Standpunkte und Meinungen, über die sie sich im gemeinsamen Gespräch austauschen und hinterfragen wollen. Wir haben nicht das Recht, sie ständig zu korrigieren, zurechtzuweisen oder ihre Ansichten in arroganter Weise gar lächerlich zu machen. Sie sind noch immer unsere Kinder, für die wir Verantwortung tragen, aber sie sind keine Kinder mehr! Sie sind gleichberechtigte Partner geworden. Wir haben nicht das Recht, über sie zu verfügen. Wer loslässt und seinen erwachsenen Kindern vertraut, zu dem werden sie auch wieder mit Vertrauen und einer neu gewonnen Art von Herzlichkeit zurückkehren. Freiheit schenken, heißt, einander vertrauen! Vertrauen ist ein besonderes Zeichen von Verbundenheit! Doch unabhängig davon bleibt die Kommunikation zwischen Eltern, Kindern, Jugendlichen, zwischen allen Familienangehörigen unverzichtbar!

Eine konstruktive Gesprächsform, die ich mittlerweile in vielen Familien erprobt und durchgeführt habe, ist die Familienkonferenz. Einmal im Monat trifft sich dabei die gesamte zusammenlebende Familie und nimmt an einem großen Tisch Platz. Dann wird ein Mitglied ausgewählt, das in Protokollform alle wichtigen Gesprächsbeiträge aufschreibt. Im Uhrzeigersinn spricht jeder Teilnehmer über sich, seine Probleme, Anliegen und Wünsche und wofür er um Rat und Hilfe bittet. Anschließend gibt es eine Aussprache über alle offenen Punkte, bei der jeder Beitrag ohne Wertung auf drei Sätze beschränkt wird. Abschließend wird eine gemeinsame Planung für die Zeit bis zur nächsten Konferenz erstellt. An einem zentralen Punkt des Hauses/der Wohnung wird ein Plakat befestigt, auf dem jeder jederzeit Ideen für die folgende Konferenz eintragen kann. Die sicher ungewollt entstandene Sprachlosigkeit kann nur mit einer aktiven Kommunikationsform bewältigt werden. Wir müssen uns Zeit füreinander nehmen und es schön finden, wieder miteinander und ganz besonders mit unseren heranwachsenden Kindern sprechen zu können!

Auch für viele Lehrer ist die gemeinsame Kommunikation eine Form, mit der sie sich nur schwerfällig anfreunden können und wollen! Sie wissen eigentlich genau, was Kinder, was Jugendliche brauchen, sie wissen genau, wie Schule Spaß machen könnte: kommunikative Sozialformen, wie zum Beispiel auch Gruppentische, Gesprächskreise etc., und eben offener, schülerorientierter Unterricht, wie Projektunterricht, Selbstverantwortung in der Wochenplanarbeit, Freiarbeit, Selbsttätigkeit, erforschendes und entdeckendes Lernen, demokratisches gemeinsames Planen etc.! Schule kann herrlich und spannend sein! Doch die Realität ist ernüchternd, ja beinahe deprimierend! Anstatt der kommunikativen Unterrichtsformen, gibt es die noch üblichen lehrerzentrierten Unterrichtsgespräche, die ganz und gar gesprächsfeindlich sind. Die Kommunikation wird zum Frage-Antwort-Wettbewerb degeneriert. Die Kinder haben zu funktionieren. Der Lehrer bestimmt die Art der Kommunikation. Man redet sich mit zu großen Klassen raus, mit der Undiszipliniertheit der Jugendlichen heute. Aber in Wahrheit ist es schlichtweg anstrengender, sich im offenen Unterricht den unzähligen Fragen und Interessen der Jugendlichen heute zu stellen und zu akzeptieren, dass sie manche Dinge sogar besser wissen als manche Lehrer. Und genau das brauchen die Jugendlichen eben besonders: Menschen, Lehrer, die ihnen zuhören, mit denen sie ernsthaft sprechen und an denen sie sich auch einmal reiben können.

Und noch einmal, Fortsetzung Familie: Gemeinsames Frühstück, Zeit für einen zwanglosen Plausch am Frühstückstisch, ermutigende Worte für den Schultag, gegenseitiges Interesse! Gemeinsames Abendessen, über die Tageserlebnisse sprechen, Zeit für die kleinen und großen Kümmernisse haben, Liebeskummer ernst nehmen, einfach nur zuhören und Interesse zeigen. Am Wochenende einmal im Monat die angesprochene Familienkonferenz, in der alle gemeinsam am Tisch sitzen, ihre Beschwerden, aber genauso auch Wünsche vorbringen, Verbesserungsvorschläge machen und schließlich gemeinsam die nächsten vier Wochen planen. Familie kann so herrlich und spannend sein! Die Realität jedoch sieht oft ganz anders aus: Gestresste Eltern, die sich in ihrer beruflichen Karriere verlieren, Kinder, die mit unzähligen Freizeitangeboten zugeschüttet werden! Und die Emotionen? Fehlanzeige! Wärme und Geborgenheit in der Familie scheitern an der schleichenden Entfremdung! Doch unsere Kinder brauchen uns, brauchen Vater und Mutter! Sie brauchen Gesprächspartner, die Zeit haben für sie, die ihnen zuhören können und wollen, die sie trösten, die mit ihnen weinen und lachen und einfach auch mal verrückte Sachen machen!

„Wie müssen das Kind führen, indem wir es freilassen." (Maria Montessori) Denn so sehr gerade auch die Jugendlichen unsere Nähe brauchen, so sehr sie mit uns über was auch immer diskutieren können müssen und dabei sogar die Existenz der Welt in Frage stellen, so sehr brauchen sie aber auch ihre individuelle Freiheit auf dem Weg in ihr Leben. In manchen

Ländern und Kulturen ist die Umarmung zur Begrüßung und zur Verabschiedung und darüber hinaus ein sehr persönliches und warmherziges Zeichen der Verbundenheit, das dabei zum Ausdruck kommt. Es kann Geborgenheit und Wärme signalisieren oder schlichtweg Nähe und Sicherheit, die man einander anbietet. Umarmung kann aber auch geistiges, seelisches Festhalten, nicht Loslassen-wollen oder -können ausdrücken, kann ein Zeichen von besitzen wollen bedeuten, von falsch verstandener Geborgenheit. Genau diese Einstellung ist bei vielen Eltern-Kind-Beziehungen oft sogar ein Leben lang zu beobachten und wird als besondere Liebe und Nähe zum Kind missverstanden. Wer sein Kind wirklich und selbstlos liebt, der umarmt es im Herzen, der ist ihm immer nah, doch setzt er das Durchtrennen der Nabelschnur ein Leben lang fort! Wir haben unseren Kindern mit der Geburt wortwörtlich ein Leben geschenkt und nicht eine lebenslange Gefangenschaft! Sicherheit schenken, heißt nicht, in Verwahrsam nehmen! Loslassen oder besser gesagt freilassen erfordert, dem jungen

Menschen so oft als möglich die Gelegenheit zu geben, etwas selbst zu erproben, eigene Erfahrungen zu sammeln, lernen und Fehler machen zu dürfen. Wir sollten als Eltern uns nicht ständig vor unser Kind stellen und es in seinem Vorwärtsdrang blockieren, sondern wie unsichtbar hinter ihm stehen und es seelisch festhalten, wenn es denn unsere Hilfe benötigt. Während uns das bei den kleinen und jüngeren Kindern noch einigermaßen leichtfällt, kann es bei den Jugendlichen schon einmal auch zur Herausforderung werden. Inwieweit können wir ihnen vertrauen? Wieviel Freiheit können wir zulassen? Wieviel Kontrolle ist angebracht? Alle diese Fragen können wir nur im vertrauensvollen Gespräch mit den jungen Heranwachsenden klären. Doch Gespräch bedeutet nicht, bohrende und neugierige Fragen zu stellen und besserwissende Hinweise zu geben. Es ist wichtig, dass der Jugendliche in besonderer Weise das Gefühl hat, dass er ein gleichberechtigter (Gesprächs-)Partner ist, dem wir vertrauen und den wir ernst nehmen. Wir müssen uns Zeit nehmen füreinander und einander zuhören wollen. Wir müssen dem

Jugendlichen das Gefühl geben, dass er uns wichtig ist, dann wird er offen über seine Sichtweisen und auch über seine Probleme sprechen. Es geht dabei nicht nur um die erste große Liebe und den nicht auszubleibenden Liebeskummer. Wir müssen den Mut haben, auch offen über unsere eigenen Gefühle zu sprechen, nur dann sind wir glaubwürdig. Das ist die positive Seite des „Festhaltens", die seelische Stabilität und Reife, die wir damit zeigen, die der junge, noch unfertige Mensch erreichen möchte und die er von uns mit Recht erwarten darf. Wir sollten uns immer darüber im Klaren sein: Kinder werden nicht erst Menschen, sie sind es bereits!

Niemand braucht uns so sehr wie unsere Kinder, auch wenn sie fast erwachsen sind! Doch, wir müssen mit unseren Kindern mitwachsen und mitreifen, statt einander fremd zu werden und sie fernsteuern zu wollen!

Nimm mich, wie ich bin: Die „anderen Kinder" und die Inklusion

„Nimm mich so, wie ich bin, denn wenn ich rein gewaschen wäre, liebten mich ja alle!" (F. Dostojewski) Ich habe vor einigen Tagen einen Bericht über einen Kindergarten gelesen, in den bewusst Kinder möglichst vieler verschiedener Nationalitäten aufgenommen und in dem auch die Gruppen so bunt gemischt wie möglich zusammengestellt werden. Es ist nicht die erste und einzige Einrichtung, in der endlich neue Wege gegangen werden, aber es war für mich besonders beeindruckend. Die Vielfalt bereichert uns, sie darf uns nicht Angst machen, sie muss uns neugierig machen und sie wird uns dafür im Übermaß entschädigen.

Ich selbst habe vor vielen Jahren über elf Jahre hin als Schulleiter an meiner öffentlichen Regelschule Kinder aus der benachbarten Förderschule für geistig Behinderte integriert. Begonnen hat alles nur mit einer kleinen Gruppe, einer Arbeitsgemeinschaft mit der

Bezeichnung „Kontakte". Die Anregung dafür bekam ich in einer Schulleiterkonferenz, in der mich die Schulleiterin der benachbarten Einrichtung „Lebenshilfe" fragte, ob sie mich einmal mit einer kleinen Gruppe ihrer Kinder besuchen dürfe. Wir hatten „Kontakt geknüpft", und aus dieser Kontaktaufnahme entstand dann auch die Bezeichnung der Arbeitsgemeinschaft. Anfangs haben wir uns nur in einer kleinen Gruppe gegenseitig besucht. Ich erinnere mich daran, wie meine Kinder sich nach den ersten Besuchen die Hände waschen wollten, so fremd war für sie das Anderssein, so groß waren die Berührungsängste. Es war auch nicht einfach, eine verantwortliche Lehrerin für diese Gruppe zu finden, denn auch meinen Kolleginnen erschien diese Arbeit doch zumindest sehr fremd! Aber spätestens beim gemeinsamen Plätzchenbacken zu Weihnachten hatte das Händewaschen andere Gründe, und auch die verantwortliche Lehrerin war mit großer Begeisterung und bewundernswerter Phantasie bei der Sache. Nach einem Jahr habe ich dann inoffiziell, denn die Schulbehörden waren noch zögerlich und unentschlossen, eine ganze Klasse an meiner Regelschule integrieren dürfen. Bis auf Mathematik nahmen diese Kinder fortan wie selbstverständlich an allen Bereichen und Aktivitäten unseres Schullebens teil. An den zweimal im Schuljahr stattfindenden Projekttagen waren sie in den gemischten Gruppen nicht mehr auszumachen. Sie wurden nicht offiziell geführt, doch sie waren da. Sie wurden von einer SoVS-Lehrerin und mit eingeschränktem Stundenmaß von einer Assistentin betreut, wenn sie nicht direkt in den Unterricht meiner Klassen integriert waren. Niemals kam jemand auf die Idee, dafür Stundenermäßigungen einzufordern oder gar zusätzliches Personal. Zu diesem Zeitpunkt sprach noch niemand von Inklusion, vielleicht wurde dieser Gedanke einst sogar geboren, als ich direkt am Kultusministerium in einer größeren Runde darüber berichten durfte. Die damalige Ministerin war begeistert von unserer Arbeit und unserem Engagement, im Gegensatz zu den anwesenden Schulleitern der Sonderschuleinrichtungen, die darin wohl ein Infrage-stellen der Existenz von Teilbereichen ihrer Schulen befürchteten. Ich sah nur die Kinder mit der eingeschränkten geistigen Kapazität vor mir und ihre Begeisterung, wenn sie mich jeden Morgen mit wechselnden „Abordnungen" besuchten, nur, um mir „Guten Morgen" zu sagen. Ich sah auch „meine" Kinder vor mir, wie sie mittlerweile teilweise liebevolle Freundschaften mit den eben anderen Kindern geschlossen hatten und sich darum in den Integrationsstunden stritten, wer in ihrer Gruppe mitarbeiten dürfe. Wir hatten Zug um Zug die Kapazität ausgeweitet, am Ende. In den letzten drei Jahren, konnte ich 25 unter 500 Kindern integrieren. Besonders meine kleinen „Downies" waren mir ans Herz gewachsen und ich konnte niemals verstehen, warum diese Kinder ausgeschlossen, in eine besondere Schule (wie so oft irgendwo am Stadtrand) abgeschoben wurden! Es waren glückliche Kinder und sie beschenkten uns alle mit ihrer Herzlichkeit und einer inspirierenden Spontaneität. Wie ich mir erzählen habe lassen, sind daraus sogar vereinzelte Freundschaften fürs Leben entstanden. Die Vielfalt der Menschen begegnet uns überall im täglichen Leben, und wir erleben sie natürlich auch in vielen Familien. Jedes Kind, jeder Mensch hat eine eigene und wertvolle Persönlichkeit!

DU BIST EIN WUNDER

„Du bist einzigartig.

In all den Jahren, die vergangen sind, hat es nie ein Kind wie dich gegeben. Deine Beine, deine Arme, deine geschickten Finger, die Art, wie du dich bewegst.

Aus dir könnte ein Shakespeare werden, ein Michelangelo, ein Beethoven. Du hast die Fähigkeit zu allem. Ja, du bist ein Wunder.

Und wenn du dann aufwächst, kannst du jemandem Schaden zufügen, der wie du ein Wunder ist? Du musst daran arbeiten – wir alle müssen daran arbeiten –, damit die Welt ihrer Kinder würdig wird."

(Pablo Casals in G.Hüther/U.Hauser, "Jedes Kind ist hochbegabt")

Das Anderssein macht uns besonders wertvoll und interessant! Diskrimination, Abwertung wegen dunkler Hautfarbe oder anderer ethnischer Herkunft hat in diesem Jahrhundert keinen Platz mehr!

Die Schulen und Lehrer haben es in der Hand, diese Problematik zu bewältigen, doch natürlich brauchen sie auch die Aufgeschlossenheit und Mitarbeit der Eltern. Ich habe parallel zu meinen „besonderen Kindern" in dieser Zeit auch für drei Jahre ein mehrfach körperbehindertes Kind, das in den Rollstuhl gebunden war, in meine Schule aufgenommen und integriert. Veronika konnte sich nur mit unartikulierten Lauten ausdrücken und musste von einer zusätzlichen Stützerin betreut werden. Ihre Mama klopfte eines Tages im August an meiner Bürotür an, ich war mit Vorbereitungen für das neue Schuljahr beschäftigt. Sie schilderte mir, dass man ihr am Schulamt erklärt hatte, dass ihr Kind nur dann eine normale Regelschule besuchen könne bzw. dass man das dann stillschweigend hinnehmen würde, wenn sie selbst eine Schule finden würde, die ihr Kind aufnimmt. Ansonsten käme eben nur die entsprechende Sonderschule in Frage. Die Mutter von Veronika war verzweifelt, denn vor mir hatten bereits vier Schulleiter eine Absage erteilt. Ich überlegte eine kleine Weile, doch dann gab ich ihr meine vorbehaltliche Zusage, denn natürlich musste auch ich mich mit dem Schulamt kurzschließen, musste ich eine geeignete Klasse und natürlich eine Lehrerin finden, die diese Aufgabe mittragen würde. Und nicht zu vergessen waren die Eltern dieser Klasse, die zwar nicht ihre Zustimmung, so doch ihr Wohlwollen miteinbringen mussten. Zudem wurde eine Rollstuhlrampe am Eingang erforderlich, die längst generell überfällig war, und ich musste versuchen, den Stundenplan so zu gestalten, dass alle Unterrichtsstunden des Mädchens möglichst auf einem Stockwerk stattfinden konnten. Nachdem alle diese lediglich äußeren Rahmenbedingungen bewältigt waren und ich auch eine geeignete Lehrerin, die sich freiwillig für dieses besondere Projekt bereit erklärte, gefunden hatte, konnte ich einer überglücklichen Mutter meine endgültige Zusage erteilen. Sie vergoss Freudentränen. Veronika verbrachte eine glückliche Schulzeit bei uns. Auch ihre Klassenkameraden profitierten von dieser besonderen

Gemeinsamkeit, wie mir mehrere Eltern unabhängig voneinander versicherten. Es war gelebte Inklusion, auch im Falle von Veronika, wir als Schule und ebenso die betroffene Lehrerin erhielten keine Zusatzleistungen, auch nicht in Form von zusätzlichen Stundenzuweisungen, oder umgekehrt von Stundenermäßigungen. Wir waren alle glücklich, einfach nur helfen zu können.

Fazit: Alles ist möglich, alles ist machbar! Entscheidend sind die Bereitschaft, das Engagement, die Aufgeschlossenheit und die Phantasie aller Betroffenen.

1. Bereitschaft: Wenn Lehrer, Schulleitung und Eltern gemeinsam auch mal neue und ungewohnte Schritte wagen wollen und letztlich gehen, können beinahe Berge versetzt werden.

2. Engagement: Es war für uns alle, Lehrer und Schulleitung, eine spannende und bereichernde Aktion, mehr und mehr Kinder mit eingeschränkter geistiger Kapazität oder im anderen Fall ein schwer

körperbehindertes Mädchen in einer Regelklasse mitzuführen und zu integrieren.

3. Aufgeschlossenheit: Für besondere Projekte brauchen wir Lehrer, die nicht jammern und stöhnen und sich vor jeder noch so geringen Mehrarbeit scheuen, sondern begeisterungsfähige Lehrer, die ihren Beruf jeden Tag neu mit Leidenschaft und pädagogischer Liebe angehen. Wir brauchen aber auch Eltern, die nicht in Panik geraten, dass besondere Projekte ihr Kind vielleicht in seinem Pseudolernzuwachs beeinträchtigen könnten und ihr Kind eine Mathematikaufgabe im Arbeitsheft weniger machen könnte. Aber auch Eltern müssen „besondere Menschen" in ihre Gemeinschaft der Eltern mitaufnehmen wollen und ihre Kinder für das Anderssein begeistern.

4. Phantasie: Ich nehme das ständige Jammern der Lehrer, dass sie selbst auch unter Leistungs- und Lehrplandruck stünden, mit großer Sorge, mit Unverständnis, ja sogar mit

Verärgerung zur Kenntnis. Der Lehrplan ist in all den Jahren NICHT umfangreicher geworden, die Erwartungen an die Lehrer haben sich nicht verändert! Es kommt darauf an, den Lehrplan richtig zu lesen und umzusetzen. Der Lehrplan bietet jede Art von Freiräumen, wenn wir ihn mit Vernunft und schülerorientiert realisieren. Niemand zwingt einen Lehrer, jedes Wort buchstabengetreu umzusetzen. Dieser Druck ist hausgemacht!

Man muss einfach auch mal mit ein wenig Phantasie etwas machen und zeigen, dass es anders gehen kann! Wir müssen alle an einem Strang ziehen, wir, Eltern, Lehrer und auch Kinder sprich Schüler! In der Schule ist Platz für alle Kinder, eben auch für die „etwas anderen Kinder".

Ausgrenzung, Aussortierung, schlichtweg Diskriminierung dürfen in unserer heutigen Zeit keine Chance mehr haben. Gerade auch in Ländern, in denen Umarmungen ein übliches Begrüßungszeremoniell sind, kann es nicht sein, dass noch immer Menschen wegen dunklerer Hautfarbe und eben auch wegen Behinderungen jeglicher Art abwertend behandelt werden. Im täglichen gegenseitigen Austausch der Kulturen, in der Aufgeschlossenheit füreinander und in der interkulturellen Erziehung sowie der Integration und wenn sie denn so bezeichnet werden soll, Inklusion, liegt unsere Zukunft für morgen!

„Du aber liebe mich so, wie ich bin, denn wenn ich rein gewaschen wäre, liebten mich ja alle!"

Mutter – Vater – Kind: Leben in einer Familie

Wir feiern Muttertag und Vatertag und unterstreichen damit die besondere Position der beiden Elternteile in unserer Gesellschaft. Unbeschreibliche Freude erfüllt eine Frau, wenn sie Mutter wird, und der Stolz eines Mannes, wenn er Vater wird, steht dem in nichts nach. Doch mit dem Tag, an dem ein Ehepaar Eltern wird, ändert sich sehr viel für jeden einzelnen und für ihr gemeinsames Leben. Sie gründen eine Familie und übernehmen mehr als je zuvor füreinander und eben auch für ein und möglicherweise weitere Kinder gemeinsame Verantwortung. Auf das Wort „gemeinsam" kommt es dabei darauf an, denn schließlich kann man davon ausgehen, dass auch die Zeugung des Kindes ein gemeinsamer Akt aus Liebe war. Das zumindest ist der Normalfall. „Gemeinsam" bedeutet, sich Aufgaben, Pflichten, Rechte, Sorgen und Freude in gleicher Weise zu teilen, in gleicher Weise daran Anteil nehmen. Materielle Dinge sind notwendig, doch haben sie keine Bedeutung für die seelische Verbundenheit. Es ist eine Art von Job-Sharing zwischen zwei Ehepartnern: „Um Arbeitsplatzteilung zu realisieren, müssen die Partner über ein gutes Planungs- und Organisationsvermögen verfügen. Daneben ist es wichtig, dass die Partner gut miteinander auskommen." (allg. Definition „Job-Sharing"). Doch gibt es zum herkömmlichen Sinn dieser Teilzeitregelung in der Familie einen entscheidenden Unterschied: Vater- oder Mutter-sein ist immer ein Vollzeitjob, zumindest was die emotionale und menschliche Beziehungsebene betrifft. Einmal Eltern heißt immer Eltern! Lachen und Weinen, sich gegenseitig stützen kann nicht in Teilzeitform bewältigt werden. In der modernen Familie heute gilt neben dem Prinzip der Gemeinsamkeit vor allem das Prinzip der Gleichheit. Die Zeiten, da der Mann ausschließlich für den Unterhalt der Familie und die Frau für den Haushalt und die Erziehung der Kinder verantwortlich waren, sind längst verstaubte Vergangenheit. In manchen Kulturen versuchen vor allem Männer sich diesen antiquierten Status oft mit körperlicher Gewalt zu sichern, doch werden sie langfristig damit scheitern, da sich in solchen Familien die Kinder frühzeitig von ihren Familien entfremden und letztendlich nur ein Trümmerhaufen zurückbleibt, der mit einer harmonischen Familie nichts mehr zu tun hat. Kinder brauchen beide Elternteile, deren Liebe und Zuneigung, deren Einfühlungsvermögen, deren Zeit und Verständnis und deren Klugheit und Anteilnahme. Die Liebe der Eltern füreinander und die Art der Liebe, die sie ihren Kindern schenken, prägt die jungen Menschen für ein Leben lang. Kinder sind harmoniesüchtig, sie lieben beide Eltern und reagieren verstört und mit Unverständnis, wenn Eltern sich streiten, oder sogar auch noch verletzen. Der Respekt, den die Kinder für ihre Eltern empfinden, ist auf Liebe begründet, es ist die ehrliche Form des Respekts. Sie achten ihre Eltern, weil sie diese lieben!

Aber blicken wir doch noch einmal auf die antiquierte Hierarchie in der Familie zurück: „Der Vater ist das Familienoberhaupt, dem sich alles unterzuordnen hat, die Mutter ist für das Zuhause und die Erziehung der Kinder verantwortlich. Die Kinder haben sich um die Schule zu kümmern, wobei dem Jungen als Stammhalter der Familie natürlicherweise mehr Rechte zugestanden werden als einem Mädchen, denn die Mädchen haben frühzeitig dem Beispiel der Mutter zu folge. ......" Wer glaubt, dass diese Beschreibung der Rollen innerhalb der Familien überholt und nicht mehr aktuell ist, der irrt allerdings! Auch im 21.Jahrhundert gilt diese Rollenverteilung noch weithin in zahlreichen Familien. Doch ist diese unverständliche Diskriminierung der Geschlechter innerhalb der Familien absolut nicht mehr nachvollziehbar! In gesunden Familien gilt immer das Prinzip der Gleichberechtigung, wie ich bereits ausgeführt habe, und das Motto: „Gemeinsam sind wir stark." Das Zeitalter der Machos, der Patriarchen, ist ein verstaubtes, nicht mehr vertretbares Relikt vergangener Jahrhunderte. Doch wer ist denn nun eigentlich dafür verantwortlich, dass sich diese verstaubte Struktur noch immer am Leben halten kann? Wer erzieht denn Jungs zum Macho? So absurd es auch klingen mag, tragen gerade die Frauen und vor allem die Mütter selbst eine große Verantwortung für die Veränderung der Rollenklischees! Die notwendige Veränderung muss bei der Erziehung beginnen!

Eines Tages kam ich mit einem großen Stapel Arbeitsblätter in eine 3.Klasse in Izmir. Wegen der extremen Hitze waren trotz Klimaanlage alle Fenster weit geöffnet. Ich war froh, als ich endlich meinen Stapel auf dem Pult ablegen konnte. Als der letzte Schüler zur Klasse hereinkam, schloss eines der Kinder die Klassenzimmertür. Die extreme Zugluft wirbelte die meisten meiner Blätter wild durch die Luft. Um mich herum breitete sich ein Blätterteppich aus. Ich wartete eine Weile, denn ich rechnete in gewohnter Weise damit, dass die Kinder herbeistürzen würden, um mir zu helfen. Doch weit gefehlt! Alle Jungs, die aus Disziplingründen in den vorderen Reihen platziert waren, sahen mich noch bestenfalls fragend an, doch machten sie nicht die geringsten Anstalten mir zu helfen. Schließlich fragte ich die Kinder, ob sie mir helfen könnten, die Blätter wieder aufzuklauben. Da schließlich kamen mir die Mädchen aus den hinteren Reihen zur Hilfe. Kein einziger der sonst so bewegungsfreudigen Jungs erhob sich von seinem Stuhl. Nach der Unterrichtsstunde fragte ich die Kolleginnen und Kollegen im Lehrerzimmer, wie ich denn diese für mich sonderbare Verhaltensweise der Kinder zu verstehen habe. Da erklärte mir ein türkischer Kollege, dass das „normal" sei. So seien die Jungs nun einmal erzogen. Wenn z.B. einem Jungen zu Hause ein Glas auf den Boden fällt, würden sofort Mama und Schwestern herbeieilen, um das Malheur zu beseitigen. Er selbst sei dafür schließlich nicht verantwortlich! Genau in diesem Punkt beginnt jedoch die Erziehung zum Macho! Jedes Mitglied in der Familie muss lernen, füreinander verantwortlich zu sein und diese Verantwortung übernehmen und tragen zu wollen. Selbstverantwortung, Verantwortung füreinander, Hilfsbereitschaft, gegenseitige Achtung, das Prinzip der Gleichberechtigung, schlichtweg Elemente einer Werteerziehung in der Familie, auf die ich ff. noch eingehen werde, müssen von klein auf gelebt werden. Eine Unterscheidung nach Geschlechtern ist nicht mehr akzeptabel. Schon in der Familie müssen die unterschiedlichen besonderen Qualitäten und Fähigkeiten jedes einzelnen im Vordergrund stehen, nicht aber eine Unterscheidung nach Geschlechtern! Warum sollte ein Junge nicht besser bügeln oder kochen können und andererseits ein Mädchen nicht besonders handwerklich veranlagt sein? Dabei kommt den Eltern eine entscheidende Vorbildrolle zu! Ein Vater verliert nicht an Achtung, wenn er eine Windel wechselt, sondern wird eher noch mehr an emotionaler Zuwendung seiner Familie gewinnen. Kinder brauchen Vater und Mutter in gleicher Weise, sie brauchen Eltern, die sich gemeinsam für sie verantwortlich fühlen und diese gemeinsame Verantwortung täglich realisieren. Es gibt keine isolierte Vater- oder Mutterrolle mehr, aber es sollte Eltern geben, die in und aus Liebe ihr Leben teilen.

Die Geburt eines Kindes ist ein entscheidender und natürlich auch eigentlich wunderbarer Einschnitt in das Leben seiner Eltern. Doch oft sind sich viele Eltern nicht darüber im Klaren, wie bedeutend die Durchtrennung der Nabelschnur in Wirklichkeit ist. In diesem

Moment begibt sich das Neugeborene auf seinen eigenen, individuellen Weg ins Leben, auf dem es noch lange Zeit auf die starke Hand seiner Eltern, auf deren Hilfe, auf deren Rat und deren Unterstützung und vor allem auf deren Liebe und Zuwendung angewiesen sein wird. Nur so kann der Säugling und in der Folge das Kind, der Jugendliche und schließlich der junge Erwachsene reifen, unabhängig, frei und selbstständig werden und die Liebe, die er erfahren hat, an andere Menschen und letztendlich vielleicht selbst wieder in einer Partnerschaft weitergeben. Das positive Beispiel der Eltern ist für die jungen, noch unfertigen Menschen von prägender und nachhaltiger Bedeutung. Erziehung heißt nicht, einen jungen Menschen nach seinem eigenen Ebenbild zu formen, unerfüllte Wünsche in das Kind zu projizieren und einen ungefestigten Menschen zu manipulieren! Erziehung bedeutet, in das Kind, in den jungen Menschen hineinzuhören, sich hinein zu denken und ihn behutsam zu stärken auf dem Weg seiner Loslösung, auf dem Weg in sein eigenes unabhängiges Leben. „Loslassen" ist das Zauberwort! Das Kind ist nicht unser

Eigentum, das wir klammern und für immer an uns binden dürfen. Wir haben nicht das Recht, unser Kind zu besitzen, denn wir haben ihm das Leben, nicht aber eine „Gefangenschaft" geschenkt, das hatte ich auch schon vorher erwähnt, aber man kann es gar nicht oft genug betonen! Gute Eltern freuen sich an der wachsenden Selbstständigkeit ihres Kindes. Die Vogelmutter schubst das Vogeljunge eines Tages aus dem Nest und lockt es mit dem vertrauten Pfeifen zurück ins Nest. So lernt das Vogeljunge das Fliegen, die Freiheit, die Unabhängigkeit kennen. Ich habe meinen Söhnen, als sie drei Jahre alt waren, Geld in die Hand gedrückt und sie aufgefordert, allein in den Bäckerladen zu gehen, um sich eine Brezel zu kaufen, etc. Der eine hatte kein Problem damit, der andere benötigte ein paar Anläufe mehr. Ein vielleicht unbedeutender, aber doch wichtiger Schritt. Kinder müssen in der Welt und im Leben Erfahrung sammeln dürfen, dabei sind auch Fehlentscheidungen eingeplant und sogar notwendig. Nur wer Fehler macht, ist offen für den sogenannten „guten Rat". Eltern sein, heißt unendlich viele liebenswerte Pflichten für die Kinder zu haben. Denn es ist das Recht unserer Kinder sich auf uns verlassen zu können. Haben Eltern erst einmal alle ihre „Hausaufgaben" sprich Pflichten erledigt, dann haben sie das Recht, sich an ihren Kindern zu erfreuen und zu genießen, worum sie sich so sehr bemüht haben. Die Liebe, die wir ein Leben lang von Herzen schenken, kommt im Übermaß zurück! Kinder, die wir loslassen, fühlen eine besonders starke Bindung zu uns ein Leben lang.

Doch was sollten wir denn nun unseren Kindern letztendlich vermitteln, ihnen mitgeben, worauf sollten wir bei unserer Erziehung in der Familie vornehmlich achten? Welche sollten die vornehmlichen Erziehungsziele sein? Lassen sie uns einen Versuch machen! Schließen Sie für zwei Minuten die Augen und überlegen Sie, welche Erziehungsziele für Sie eine besondere Bedeutung haben? Schreiben Sie dann spontan die fünf wichtigsten auf, die Ihnen eingefallen sind! Ich bin sicher, dass darunter z.B. Ordnung, Gehorsam, Fleiß, Respekt etc. zu finden sind. Sieht man einmal von Respekt ab, sind alle diese Erziehungsziele mit Kontrolle und Konsequenzen verbunden, sie sind kaum mit Einsicht und Verständnis zu erreichen und sind letztlich zweitrangige „Ziele", die sich oft von alleine einstellen, wenn wir anderen Erziehungszielen den Vortritt gewähren. Die SELBSTSTÄNDIGKEIT ist vom Aussterben bedroht! In einer Zeit des Behütetseins, gleichwohl mancherorts auch aus Sicherheitsgründen, ja des Überbehütetseins kommt der Wunsch vieler Kinder und Jugendlichen nach Selbstständigkeit einer Rebellion gleich. Wir trauen unseren Kindern nichts mehr zu, weil wir den Prozess der Abnabelung einfach ignorieren. Doch wie sollen eben diese Kinder spätestens als junge Erwachsene eigenständige Entscheidungen treffen, wenn sie als Kind beim Bäcker nicht einmal entscheiden durften, ob sie eine Semmel oder Brezel haben wollen?! Wir nehmen unseren Kindern jeden kleinsten Funken von EIGENVERANTWORTUNG ab. In einem genauen Ablaufplan schon am Morgen im Badezimmer legen wir fest, wie sie ihre Körperreinigung vornehmen sollen. „Mach das genau so, denn so macht man das!"

„Die Zähne putzt man von oben nach unten, von….."Aber warum denn nur?! Wir müssen nicht alles besser wissen und wir wissen es auch nicht! Es ist der individuelle Schutzbereich, den wir unseren Kindern überlassen müssen und für den sie jeden Tag aufs Neue lernen wollen, dass ausschließlich sie allein dafür verantwortlich sind. Ein missratenes Examen ist nicht Angelegenheit der Eltern! Nur die Kinder selbst sind dafür verantwortlich und werden daraus lernen, dass ihre Lernstrategie nicht funktioniert hat. Es genügt, wenn wir ihnen unseren Rat anbieten. Die besten Eltern sind unsichtbar, nicht zu hören und doch immer da, wenn ihr Kind ihre starke, stützende Hand braucht. Was für ein großartiger Moment ist es doch, wenn ihr Kind zum ersten Mal sagt: „Das kann ich alleine!" Jeder kleine Schritt in die UNABHÄNGIGKEIT ist ein Schritt hin zur menschlichen Reife (die heute so vielen Erwachsenen fehlt). Ihr Kind bleibt immer Ihr Kind, keine Angst, doch Ihr Kind soll/muss wachsen und reifen dürfen, muss auf seinen eigenen Füßen stehen können. „Hilf mir, es selbst zu tun!" war eins der Leitziele von Maria

Montessori. Es ist die Aufforderung, loslassen zu können und zu wollen. Vertrauen Sie ihrem Kind, es wird erfolgreich sein, wenn sie es lassen und ihm jeden Tag aufs Neue zeigen, dass sie an es glauben, dass sie ihm vertrauen!

Ein achtjähriger Junge erzählte mir in einer Beratungsstunde eines Tages von einem Alptraum, der ihn schon seit vielen Jahren und immer wieder plagte. In diesem Traum sah er plötzlich einen riesigen schwarzen Felsen vor sich, der scheinbar wuchs und immer noch größer wurde und drohte auf ihn herabzustürzen. Immer kurz bevor er in Panik aufwachte, begann dieser Fels ihn zu fragen: „Hast Du Angst vor mir?" Und erkannte die Stimme seines Vaters…..Der Junge liebte seinen Vater, so wie die meisten Kinder ihren Vater und ihre Mutter eben lieben. Es ist der Urinstinkt, der diese besondere Form der Liebe bedingt. Im weiteren Gesprächsverlauf beschrieb der Junge die Liebe zu seinem Vater genauer. Er habe Respekt vor seinem Vater, denn vor den Eltern und besonders vor seinem Vater müsse er Respekt haben. Das mache man so! Respekt? Respekt, das war für ihn

Gehorsam, blinder Gehorsam. Es war das Wichtigste, was er für seine Eltern empfand. Spontan erinnerte ich mich an eine ältere Lehrerin, die mir erklärte, sie sei beliebt bei ihren Schülern, denn alle haben Respekt vor ihr.

Respekt ist ein sehr wichtiger Wert, den Eltern ihren Kindern abringen. Er ist einer von insgesamt etwa hundert Wertebegriffen, über die man in der Psychologie und Wissenschaft spricht, von denen ein großer Teil natürlich fester Bestandteil der Erziehung in der Familie sein sollte. Doch wird der Begriff „Respekt" dabei ebenso völlig missverstanden wie viele andere Wertebegriffe. Der vorher geschilderte Respekt basiert auf den verschiedenen Formen der Angst. Der achtjährige Junge musste mit Strafen u.a. auch mit körperlichen Strafen rechnen, wenn er seinem Vater nicht „genügend Respekt" entgegenbrachte. Die Schüler besagter Lehrerin mussten mit Strafarbeiten rechnen, wenn sie ihr keinen Respekt entgegenbrachten. In beiden Fällen existierte der „Respekt" aus Angst, aus Furcht vor Konsequenzen und sogar körperlichen

Schmerzen. Dieser vermeintliche „Respekt" hat nichts mit den Zielen der Werteerziehung in der Familie zu tun. Der Wertebegriff „Respekt" wächst aus tief empfundener Liebe eines Kindes zu seinen Eltern. Das Kind erfährt Liebe und Verständnis, es fühlt sich angenommen und geborgen in seiner Familie. Weil das Kind eben ein ernstzunehmendes, gleichberechtigtes Mitglied seiner Familie ist, empfindet es daher natürliche Achtung, eben Respekt für seine Eltern. Die Eltern leben dem Kind vor, wie man einfühlsam und respektvoll füreinander miteinander umgeht. Es muss keine Angst haben, es hat Eltern, die Zeit für es haben, die Verständnis auch für die kindlichen Probleme und Fragen haben. Der berüchtigte „Klaps auf den Po" existiert nicht, stattdessen setzen sich die Eltern mit dem Kind auf Augenhöhe zusammen und suchen im konstruktiven Gespräch nach gemeinsamen Lösungen. Werte, das heißt, es geht um wichtige Strukturen, die dem Kind Wegweiser und Hilfe beim „Werden", beim Wachsen und Reifen sind! Das Durchtrennen der Nabelschnur ist der erste symbolische Schritt des Neugeborenen in sein eigenständiges

Leben. Mit einer bewusst wahrgenommenen positiven Werteerziehung helfen wir unserem Kind, den besten Weg in sein künftiges Leben zu finden.

In einer gesunden Familie, in der die vorher geschilderte Werteerziehung nach Kräften realisiert wird, in der Eltern aus tief empfundener wahrer Liebe zusammen sind, wachsen seelisch gesunde Kinder auf. Wo Eltern leiden, werden auch Kinder leiden! Eine 2.Klasse, ein zierlicher, beinahe schwächlich erscheinender Junge! Er ist neu an unserer Schule, seine Eltern haben ihren Wohnsitz gewechselt, damit ihr Kind unsere Schule besuchen kann. Im Kindergarten und in der Schule vorher gab es größte Probleme mit dem kleinen Jungen. Warum dem so war, erfuhr ich nur langsam und häppchenweise. Die erste Schulwoche verläuft problemlos. In der 2.Woche hat der Junge erstmals Unterricht in Textilarbeit/Werken, das bedeutet zwei Stunden bei einer anderen Lehrerin. Kurz nachdem die Lehrerin das Klassenzimmer betritt, gerät der Junge in Panik. Er gibt unerträglich hohe und laute Töne von sich, die im gesamten Schulgebäude zu hören sind und die in den Ohren schmerzen. Es entsteht nicht nur bei dem Jungen, sondern auf der gesamten Etage Panik. Ich werde zur Hilfe gerufen, nehme den Jungen ohne Widerstand an der Hand und bringe ihn in mein Büro. Sobald die Tür hinter uns geschlossen ist, geht sein schrilles Schreien in Schluchzen über. Er bittet mich: „Bitte, Herr Hepke, bring mich nicht mehr zu dieser Frau zurück!" Doch was war geschehen? Nach erschütternden Gesprächen mit ihm, die er mit unfassbaren Zeichnungen ergänzte, und seinen Eltern, stellte es sich heraus, dass diese Kollegin ihn intensiv an seine leibliche Mutter erinnerte, die er einmal im Monat besuchen musste. Sie hatte ihn allein bei seinem Vater zurückgelassen, als er drei Jahre alt war. Sie war alkoholabhängig und verprügelte den kleinen Jungen auch jetzt noch bei den Pflichtbesuchen. Zudem hatte sie jetzt von einem anderen Mann ein Baby bekommen. Sein Vater, selbst noch sehr jung, Anfang zwanzig, hatte ebenfalls kurz nach der Scheidung wieder eine andere Frau geheiratet. Er hatte sie in einer Erziehungsanstalt kennen gelernt, in der die beiden jungen Eheleute aufgewachsen waren, nachdem sie ihren jeweils leiblichen Eltern weggenommen worden waren. Ihr eigenes noch junges Leben war bereits traumatisiert! Dennoch versuchten sie den Traum von einer heilen Familie zu leben. Die junge Frau erwartete ein Baby und fragte mich in einem Gespräch unter Tränen: „Haben wir denn kein Recht auf ein harmonisches, glückliches Leben? Müssen wir denn für immer gebrandmarkt bleiben?" Sie litt sichtlich selbst unter den Problemen, die der kleine Junge hatte und fürchtete, dass man auch ihn irgendwann seinem Vater und ihr wegnehmen würde, das gleiche Schicksal, das den beiden jungen Eheleuten widerfahren war. Ich half ihnen, so gut ich konnte, ein Schuljahr lang, es war beinahe statt Hilfe mehr ein besonderer Schutz, denen ich ihnen zu gewähren versuchte. Doch waren meine Möglichkeiten natürlich auch eingeschränkt. Zum Schuljahresende "flohen" sie in eine andere Stadt, in ein anderes Bundesland. Wie konnte unter solchen Bedingungen ein seelisch gesundes Kind aufwachsen? Eine schreckliche Geschichte, die nur allzu deutlich macht, wie sehr die Kinder, ihr Leben, ihre Zukunft von den Gegebenheiten ihrer Familie und ganz besonders ihrer Eltern abhängig sind. Dazu noch ein weiteres Beispiel, das sich tief in mir eingeprägt hat: Eine Mädchen in einer meiner 1.Klassen, sichtlich belastet und geprägt von der Aussiedlerproblematik der damaligen Zeit, heute wiederholt sich das beinahe deckungsgleich mit den Migrantenkindern! Als sie zu mir in die Klasse kommt, sind ihre Sprachkenntnisse nur wenig gefestigt. Sie gibt sich größte Mühe, doch vieles will oder besser gesagt kann einfach noch nicht gelingen. Verkrampft hält sie ihren Stift, so als wollte sie sich an ihm festhalten. Nach kurzer Zeit merke ich, dass sie unter ständiger Panik steht. Ich bestelle die Eltern zu mir in die Sprechstunde, doch lediglich die Mutter kommt. Sie gibt sich verschlossen, ich erhalte nahezu keine Informationen. So kann ich nur meine Bitten äußern, ihrem Kind mit Geduld und viel gutem Zureden zu helfen. Lange Zeit später erfahre ich die schreckliche Wirklichkeit, die sich in der Familie abspielte. Das Mädchen wurde gestoßen, geschlagen, an den Haaren gezogen, oft verlor sie dabei ganze Haarbüschel, ein Leiden ohne Ende. Sehr viel später schrieb sie mir ihre ganze Geschichte auf. Mit ca. 14 Jahren wurde sie in der elterlichen Umgebung sexuell missbraucht und endete beinahe im „Privatmilieu" der Prostitution. Sie begann, Psychopharmaka einzunehmen, die sie in eingeschränktem Maße bis heute als längst erwachsene Frau und Mutter erwachsener Kinder einnehmen muss. Die Erinnerung an ihre Eltern ist mit körperlichem und seelischem Gräuel belegt, sie hat gezwungenermaßen gelernt, ihre Eltern und lange Zeit sich selbst zu hassen. Wahre Liebe ist ihr das erste Mal eigentlich erst mit ihrem heutigen Ehemann begegnet, dem sie letztendlich verdankt, ihr Leben gerettet zu haben. Es ist nur ein Auszug aus ihrer erschütternden Lebensgeschichte, die aufzeigt, was Eltern an ihren Kindern verursachen können. Ohne Liebe kann ein ganzes noch junges Leben zerbrechen!

Trennungen, Scheidungen geschehen heute erschreckend oft! Sie schmerzen die Beteiligten, doch sind nicht auch noch Kinder davon betroffen, können sie manchmal sogar als neue Chance empfunden werden. Allzu schnell glauben junge Menschen in ihrer individuellen Sehnsucht, spontan die große, die wahre Liebe gefunden zu haben. Doch wahre Liebe, im Gegensatz zur Leidenschaft, die instinktiv ist, braucht Zeit, einen oft langatmigen und auch harten Weg, dem man sich zu zweit stellen muss. Wahre Liebe erfordert Engagement auf beiden Seiten, und wird sie denn wirklich wahr, kann ein gemeinsames Kind ein wunderbares Geschenk sein. Kinder sind von dieser wunderbaren Form der Liebe ihrer Eltern abhängig, sie prägt ihr ganzes zukünftiges Leben. Mit ihren feinen Antennen empfinden sie sehr genau, auf welche Art sich ihre Eltern lieben. Sie können ihre Empfindungen nur schwer verbalisieren, doch spüren sie sehr genau, wo Wärme und Innigkeit bestehen und wo Liebe nichts anderes als vergängliche Leidenschaft ist. Wenn Eltern sich von Herzen lieben, fühlen sich auch Kinder geliebt, geborgen und verstanden! Körperliche Wunden verheilen und vernarben, seelische Wunden bleiben ein Leben lang, sie sind mit unendlicher Liebe bestenfalls zu beschwichtigen!

Fazit: Erziehung in der Familie, gute Eltern zu sein, ist so umfangreich und so speziell, dass wir immer auch Fehler machen müssen und dürfen. Gute Erziehung aber ist geprägt von gegenseitiger Liebe, von unendlicher Geduld und von der Bereitschaft, immer wieder neu anzufangen. Gute Eltern lassen keine Gelegenheit aus, um in ruhiger Atmosphäre mit ihrem Kind zu sprechen, zu sprechen und noch einmal zu sprechen und nach Erklärungen zu suchen, die das Kind auch verstehen kann. Gute Eltern glauben an ihr Kind, sie werden nicht müde, ihr Kind immer wieder aufs Neue zu ermutigen und ihm eine positive Grundeinstellung zu seinen Mitmenschen und zu seinem noch jungen Leben zu vermitteln. Sie leben ihm Wertschätzung für das Leben und füreinander vor. Doch: Gute Eltern setzen auch Grenzen, sie reiben sich mit ihrem Kind, sie geben klare Regeln vor und fordern sie ein. Sie wissen, dass ihr Kind nur dann zu einem verantwortungsvollen Menschen heranreifen kann, wenn es ehrliche Liebe von ehrlichen Eltern erfährt.

„Feindbilder": Eltern –Lehrer: Wege für eine Zusammenarbeit

Wer kennt das nicht? Sie werden zu einer Sprechstunde in die Schule eingeladen! Sofort haben Sie ein mulmiges Gefühl. „Was ist jetzt schon wieder vorgefallen? Welche schlechte Note wird man ihnen präsentieren? Ist gar das Vorrücken gefährdet?" Es ist ihnen klar, so viele Möglichkeiten gibt es wohl nicht.

Das ist die zu oft erlebte Realität vieler Eltern! Wenn die Schule mit ihnen spricht, dann nur um sich über etwas zu beklagen. In Wirklichkeit aber hat die Schule vor allem einen Erziehungsauftrag und der beabsichtigt, dass Schule und Eltern gemeinsam zum Wohle des Kindes alles erdenklich Gute gemeinsam planen und versuchen sollten! Also erst mal nicht erschrecken, liebe Eltern! Und außerdem darf ich allen Eltern ein „Geheimnis" verraten: Die Lehrer haben Angst vor Sprechstunden, weil die meisten von ihnen Angst vor den Eltern haben. Also scheinbar haben alle Angst voreinander. Sprechstunden zu halten haben nämlich Lehrer niemals gelernt, und Eltern fürchten, dass die Lehrer irgendetwas entdecken, wovor wir uns als Eltern rechtfertigen oder weshalb wir uns schämen müssten. Also geben sie dieser Stresssituation einfach mal keine Chance! Gehen sie selbstbewusst in die Sprechstunde und teilen sie gleich am Anfang dem Lehrer mit, dass sie dieses Mal erst ihre Fragen stellen wollen:

1. Welche Haarfarbe hat mein Kind?

2. Welche Augenfarbe hat mein Kind?

3. Ist mein Kind Rechts- oder Linkshänder?

4. Wie hält mein Kind seinen Stift?

5. Wie oft konnte es sich heute am Unterricht beteiligen?

6. Was mögen sie an meinem Kind?

7. Ist mein Kind ihr Lieblingsschüler?

Diese Fragen sind nicht altersgebunden, aber sie werden damit eins erreichen: Der Lehrer wird mit ihnen über ihr Kind sprechen, mit Sicherheit ernsthaft über Ihr Kind diskutieren.

Er wird sich bemühen, sich ausschließlich auf ihr Kind und seine Eigenheiten und Gewohnheiten zu konzentrieren. Denn es geht in einer Sprechstunde zunächst einmal auch um eine psychologischpädagogische Beratung, also um ein Kind, um einen jungen Menschen und um sein Verhalten, seine Lebensweise in einer Zweckgemeinschaft, die wir Schule nennen. Es geht dabei auch darum, wie ein junger Mensch mit den wichtigsten Erziehungspersonen in der Rangfolge nach den Eltern zurechtkommt, wie er sich, außer in der Familie, in der nächsten demokratischen Gemeinschaftsform zurechtfindet. Ergebnisse aus Examen kennen sie schon, darüber müssen sie nicht ein weiteres Mal informiert werden. Da der Lehrer kein Hellseher ist, spielen auch seine "perspektivischen Zukunftsvisionen" keine Rolle, auch wenn er sie ihnen vielleicht aufdrängen will. Es geht ausschließlich um die Zusammenarbeit von Elternhaus und Schule zum Wohle des Kindes. Das bedeutet, dass Lehrer und Eltern sich einig werden müssen, wie der jeweilige junge Mensch am besten in seinem individuellen Reifeprozess unterstützt und gefördert werden kann. Wichtiger als irgendwelche Noten sind die Kreativität und die natürlichen Fähigkeiten und Fertigkeiten des jungen Menschen und wie sie gemeinsam weiterentwickelt werden können, wichtiger als alles andere ist sein menschlicher Reifeprozess.

„Die Schule will immer nur die beste sein, die interessiert nicht, was wir Kinder wollen!" Es ist die Aussage eines 9-jährigen Jungen! Seine Mama wurde in der Elternsprechstunde tags zuvor mal wieder mit den Unzulänglichkeiten ihres Kindes von zwei Lehrern konfrontiert, oder besser gesagt überhäuft. Kein positiver Kommentar, nur Negativmeldungen! Dazu muss ich erklären, dass es sich bei dem Jungen um ein hochbegabtes Kind handelt! Seine Aussage ist sein Kommentar, als wir ihn im gemeinsamen Gespräch mit den „Klagen" der Schule konfrontiert haben. Frustration, Enttäuschung pur! Ein anderes Beispiel! Ein Junge erkrankt in der 1.Klasse an Hirnhautentzündung. Nach einigen Monaten kehrt er wieder in die Schule zurück. Liebenswerterweise darf er in der 1.Reihe sitzen. Doch dieser Bonus hält nur kurze Zeit. Er hat Mühe, alles schnell genug zu erfassen und sucht bei seinen Nachbarn Informationshilfe. Keiner hinterfragt, warum er das macht. Stattdessen wird er in die letzte Reihe beordert, um den Unterricht nicht mehr zu stören. Im Verlauf der 2.Klasse wird er an die Förderschule überwiesen. Sein Test war negativ. In der 6.Klasse (!) holt sich die Mutter Rat bei mir ein, weil er in der Förderschule den Unterricht stört und zunehmend aggressiver wird. Nach einigen Sitzungen erklärt mir der Junge, dass er alles doppelt sieht, doch keiner glaubt ihm. Er kann nicht richtig erkennen, was an der Tafel steht. Bei einem befreundeten Augenarzt kann ich schon am nächsten Tag einen Termin für den Jungen bekommen. Ergebnis: Der Junge hatte tatsächlich einen besonderen Sehfehler seit seiner Erkrankung in der 1.Klasse. Sein Intelligenzquotient liegt an der Grenze zur Hochbegabung. Wenige Wochen später wechselt er an eine Montessori-Schule: gerettet!

In beiden Fällen hat der Austausch zwischen Eltern und Schule nicht funktioniert! Im ersten Fall hatten wir schon in der 1.Klasse ein gemeinsames Beratungsgespräch in der

Schule, mit mir gemeinsam mit den Eltern, der Klassenlehrerin und der Schulpsychologin. Im weiteren Verlauf erhielt die Schule von uns Unterlagen, mit denen die Hochbegabung des Jungen belegt wurde. Das alles interessierte die Schule nicht und statt ihn zu fördern und zu fordern wurde immer und immer wieder nur sein Verhalten angemahnt. Die Schule will nicht wahrhaben, dass sie eben mit einem hochbegabten Jungen anders umgehen muss. Und so bleiben die Sprechstunden, was sie schon immer waren: eine Auflistung von Unzulänglichkeiten des Kindes. Beratung: Fehlanzeige! Im zweiten Fall hat der notwendige Informationsfluss nicht einmal innerhalb der Schule, geschweige denn mit den Eltern funktioniert. Die Tatsache, dass die Auffälligkeiten des Jungen mit den Nachwirkungen seiner Hirnhautentzündung im 1.Schuljahr zu tun haben könnten, wurde nicht einmal angedacht. Die Eltern wurden mit der Entscheidung, den Jungen für die Sonderschule sichten zu lassen, buchstäblich überrumpelt. Die Sonderschule wiederum witterte in diesem Fall nur die Chance, einen „guten Sonderschüler" gewinnen zu können,

116

der vielleicht irgendwann dort den qualifizierten Schulabschluss schaffen könnte. Als der Junge auch dort auffällig wurde, wollte man ihn einfach loswerden. Ein eruierendes Gespräch mit den Eltern wurde gar nicht erst ins Auge gefasst!

Es sind zwei Fälle, die aufzeigen, was aus fehlender Kommunikation zwischen Eltern und Lehrern entstehen kann. Leidtragende sind immer die Kinder, aber genau für sie sind Elternsprechstunden gedacht. Es geht nicht darum, um von Elternseite aus Lehrer anzugreifen, oder umgekehrt Eltern schulmeisterlich zu belehren und ihnen die Probleme ihrer Kinder zum Vorwurf zu machen!

Aber kehren wir noch einmal zurück zum Ausgangspunkt! Lehrer-Elterngespräche sind bedeutend und sollten lieber einmal zu oft, als nur selten geführt werden! Was dürfen beide Seiten inhaltlich voneinander erwarten?

1. Ein offenes Ohr für die Sorgen und Probleme und genügend Zeit für die Gespräche.

2. Verständnis für das betroffene Kind und die Sorgen bzw. Sichtweisen von beiden Seiten.

3. Gegenseitige Wertschätzung als Partner in der Bildung und Erziehung des Kindes.

4. Lösungsorientierung: Suchen nach gemeinsamen Wegen, Schuldzuweisungen haben keinen Platz.

Voraussetzungen für ein konstruktives Gespräch:

1. Äußere Voraussetzungen sind zunächst immer eine geeignete Räumlichkeit, normale Stühle (keine Schülerstühle), ein Tisch, eine Gesprächssituation auf gleicher Augenhöhe und genügend Zeit ohne Störungen, der Zeitrahmen muss vorher genau abgesteckt werden. Ein Türangelgespräch, wie es viele Lehrer gern führen, ist indiskutabel!

2. Beide Seiten, Lehrer wie Eltern sollten sich immer auf das Gespräch vorbereiten. Dazu gehört, dass die Sachverhalte klar umrissen und in verständlicher und klarer Form

ausgetauscht werden. Jeder sollte sich auf die wichtigen Inhalte beschränken, darf aber bei seinen Ausführungen nicht unterbrochen werden. Jeder verdient die gleiche Aufmerksamkeit!

3. Nach den individuellen Ausführungen werden die gemeinsamen und unterschiedlichen Sichtweisen abgeklärt und werden mögliche Probleme genau beschrieben.

4. Danach werden Lösungsvorschläge zusammengetragen und auf ihre Umsetzbarkeit hin gemeinsam überprüft.

5. Am Ende stehen gemeinsame für beide Seiten klar eindeutige und verständliche Vereinbarungen, die zusammengefasst und schriftlich fixiert werden.

6. In einem gemeinsamen Ausblick wird ein Rahmen für das nächste Treffen festgelegt. Beide Seiten sollten sich in einer positiven Grundstimmung verabschieden.

Es macht keinen Sinn, wenn sich Eltern und Lehrer ständig gegenseitig Vorwürfe machen und sich in unnützen Streitigkeiten aufreiben. Veränderungen und vor allem Verbesserungen im Schul- und Erziehungssystem sind unbestritten notwendig und können nur im positiven Zusammenwirken aller Betroffenen bewirkt werden. Wo immer auch das System krankt und sich als zu schwerfällig für kurzfristige Veränderungen erweist, können Eltern und Lehrer im Schulterschluss und mit viel Fantasie und Engagement bisweilen sogar Berge versetzen. Sie müssen sich wohlwollend und aufgeschlossen gegenüber stehen! Die Kinder brauchen Beide, Eltern und Lehrer, sie sind die einzig bedeutenden Bindeglieder im Erziehungs- und Bildungsprozess!

.

Ach, die Lehrer! Job oder pädagogische Leidenschaft?

Es war in meinem ersten Dienstjahr als Lehrer, da wurde ich im November an eine neue Schule abgeordnet, um eine sogenannte schwierige 1.Klasse (!) zu übernehmen. Während ich versuchte, durch lautes Klopfen an der verschlossenen Klassenzimmertür, Gehör und Eingang zu erhalten, öffnete sich die Tür des Nachbarzimmers. Heraus trat ein etwas ergrauter Kollege, der Konrektor, wie sich herausstellte, und der erklärte mir, dass es gut sei, bei dieser Klasse die Tür immer verschlossen zu halten. Wer weiß, wohin die Schüler sonst laufen würden?! Und er fügte an: „Merken sie sich, Herr Kollege, alle Schüler sind kleine Teufel!" Ein verdienter Pädagoge, wie es hieß! Naja, verdient? ….. Erziehung, eine nie endende Diskussionsplattform, eine Thematik, die kaum kontroverser erörtert werden könnte. Schule: Eltern – Lehrer, eine äußerst komplizierte Beziehung und dazwischen die Kinder. Und jeder behauptet, doch nur das Beste zu wollen. Ach, die Lehrer, ja, ach die Lehrer! Lehrer sind eine ganz eigene, besondere Berufsgruppe.

Man sollte meinen, dass sie zumindest in ihrem Schulgebäude solidarisch zusammenstehen würden. Aber dem ist keineswegs so! Die meisten von ihnen sind selbstgewählte Einzelkämpfer, die froh sind, wenn sie ihre Klassenzimmertür hinter sich schließen können. Sie halten ausschließlich ihre eigenen Ideen und Aktivitäten für die besten. Die Kinder müssen sie lieben, nur sie, sie dulden keine Rivalen, dafür können sie ja auch schließlich ihre Tür hinter sich zu machen. Gemeinschaftsveranstaltungen hassen sie in der Regel, denn dabei fällt zu wenig Glanz auf ihre eigene Person ab.

Sie erziehen die Kinder bestenfalls wie ihre eigenen Kinder, sie haben nach außen zu funktionieren. Sie schmücken sich gern mit den Leistungen der Kinder, denn sie sind davon überzeugt, dass diese Leistungen nur dank ihnen erreicht wurden. Lehrer machen niemals Fehler. Lehrer sind niemals verantwortlich für den gestörten Unterricht, für schlechte Leistungen. Die Schuldigen sind die Kinder, die schlecht erzogen, die verweichlicht, die überbehütet sind, und die Urheber für diese Probleme sind die Eltern. „Eltern mischen sich in alles ein, Eltern wissen alles besser, sie meinen die eigentlichen und besseren Lehrer zu sein. Eltern stören die Lernabläufe und die Erziehungsarbeit der Schule." Das mag überzogen klingen, und doch ist es die eigentliche Realität aus der Sicht vieler Lehrer. Statt dem äußerst bedeutsamen gemeinsamen Erziehungsdreieck Kind-Eltern-Schule, existiert häufig das Feindbild Elternhaus-Schule und dazwischen hin- und hergerissen irrt das Kind umher.

Nur wenige Lehrer reflektieren täglich ihren Unterricht kritisch und ehrlich. Nur wenige hinterfragen sich nach einem stressigen Schultag, ob und was sie vielleicht falsch gemacht haben könnten. Sie stöhnen über zu große Klassen, über schwierige Kinder, über schlechte Bezahlung.....Sie halten sich für die unfehlbaren Unterrichtsexperten. Das mag in vielerlei Hinsicht oft zutreffen, doch ist es zu wenig! Wir brauchen keine Lehrstoffexperten, wir brauchen Pädagogen, Menschen mit unendlich viel Herz und Liebe für die Kinder und den schönsten Beruf, den es gibt, den Beruf des Lehrers oder besser noch für die Traumberufung: Pädagoge!

„Hepke, was denkst du von mir?! Ich habe acht Semester an der Universität studiert und bin schon vier Jahre Lehrerin, ich brauche keine Hilfe mehr, ich mache keine Fehler mehr: Ich bin perfekt!" So hat mir eine junge Lehrerin in Izmir/Türkei geantwortet, als ich ihr in meiner Funktion als Fachberater für den Fremdsprachenbereich Deutsch meine Hilfe anbot, falls sie irgendwann Fragen oder Probleme haben sollte. Ich war zumindest verblüfft, eigentlich erschrocken, denn ich mache auch nach mehr als 35 Jahren beinahe täglich immer wieder einmal „Fehler". Das ist normal für uns alle, Lehrer und Eltern, die wir mit der Erziehung von Kindern zu tun haben. Perfektionismus kann es in der Erziehung nicht geben, weil wir täglich überraschende Momente durch unsere Kinder und Jugendlichen erleben, auf die wir natürlich manchmal vielleicht genau verkehrt reagieren. Kinder sind nun einmal herrlich spontan und unberechenbar und deshalb manchmal auch „schwierig", wenngleich ihre Reaktionen ihrem Naturell, ihrer individuellen Eigenart entsprechen und sonst nichts mehr! Sie reagieren und agieren, wie sie empfinden, spontan eben, ihre Aktionen sind niemals berechnend oder gar gegen uns als Erziehungspersonen ausgerichtet!

Und gerade deshalb gibt es ein Wunschprofil, das jeder Lehrer anstreben sollte: Die Lehrer müssen Pädagogen sein, die sich nahtlos als Bezugspersonen an die Eltern anschließen. Sie müssen jegliche Form von pädagogischer Liebe einbringen und jedem Kind, je nach individueller Voraussetzung und Bedingung, versuchen alles zu geben, was es benötigt, um wachsen und reifen zu können. Sie müssen jedem Kind nahestehen und sich in gleicher Weise unsichtbar machen, um jedem Kind die Gelegenheit zu geben, eigenständig seinen Weg ins Leben zu finden und zu gehen. Gute Pädagogen sind immer spürbar, auch wenn sie scheinbar unsichtbar sind, sie geben dem Kind das Gefühl von Geborgenheit und stärken das Selbstwertgefühl und bauen Sicherheit auf, ohne dass sie selbst in den sozialen und kognitiven Lernprozessen aktiv werden und in das Tun und Handeln des Kindes bestimmend eingreifen. Sie geben in den kritischen Momenten Impulse, die dem Kind helfen, den nächsten Schritt wagen zu können. Sie bewerten und beurteilen nicht, sie ermutigen und bringen die nötige Geduld auf, sie können und wollen auf das Kind warten. Gute Pädagogen sind wie ein umfangreiches Lexikon, in dem die Kinder nachblättern und sich neue Ideen holen können. Die Kinder und Jugendlichen müssen sich ermutigt fühlen, bei uns Lehrern nachzufragen, unsere Kompetenzen auszunützen. Die Aktivitäten müssen von den Kindern ausgehen, sie müssen sich von unseren Impulsen angeregt und motiviert, nicht aber bevormundet oder gar in die Enge getrieben fühlen. Wir brauchen Einfühlungsvermögen, wir müssen in die Kinder hineinhören, uns in sie hineindenken. Wir alle machen Fehler. Fehler sind ein fester Bestandteil einer guten Erziehung, sie sind kein Problem! Wir alle dürfen und müssen sogar Fehler machen, um daraus lernen zu können. Fehler sind Ermutigungen, die uns aufzeigen, dass wir etwas noch besser machen können.

Gerade jetzt, zum Beginn eines neuen Schuljahres erinnere ich mich an die Worte eines 9-jährigen Jungen einer 4.Klasse, mit denen er das vergangene Schuljahr abschloss: „Ich hasse meine Lehrer! Immer muss ich nur machen, was sie wollen! Nie fragen sie mich, was ich will! Das interessiert sie überhaupt nicht! Ich bin so froh, wenn alles bald vorüber ist!" Der gleiche Junge schilderte mir, wie seine Spanischlehrerin ankündigte, dass die Kinder noch sehnsüchtig an sie zurückdenken würden, denn beim nächsten Lehrer ginge es ganz anders zu. Welche hoffnungsvollen Aussichten! Der Wechsel in die nächst höhere Schulstufe als drohendes Spektakel angekündigt! Neues Schuljahr, neue Klasse, neue Lehrer, oft auch neue Klassengemeinschaft! Zum Glück sind die Kinder ziemlich stark im Nehmen, zum Glück lassen sich nur wenige durch solche Ankündigungen entmutigen! Und, Kinder vergessen, oder besser gesagt, verdrängen schnell! Das Neue ist spannender als das

Vergangene, sie wollen etwas erleben, sie sind einfach neugierig! Sie sind auch neugierig auf ihre neuen Lehrer, sie hoffen auf die „coolen" Lehrer, mit denen jeder Schultag ein Erlebnis wird, sie wünschen sich Lehrer, die sie verstehen (wollen), die Menschen sind und nicht nur zum wiederholten Male aus ihren bereits vergilbten Vorbereitungsblättern dozieren. Stoffvermittlung nennt man dann so etwas. Doch in der Schule gibt es vor allem Menschen, eine Zweckgemeinschaft, denn keiner hat sich die Schule ausgesucht. In die Schule muss man gehen. In die Klasse wird man eingeteilt. Es gilt, sich unter Gleichaltrigen zu behaupten oder unterzugehen. Die Lehrer werden zugeteilt. Keiner fragt, ob das alles zusammenpasst. Schule ist oft für alle Beteiligten einfach grausam.

Umso bedeutender ist es, dass sich Lehrer jeden Tag selbst reflektieren, sich selbst kritische von außen betrachten und hinterfragen, vielleicht in der nachfolgenden Form, die helfen, nicht aber an den Pranger stellen soll.

PÄDAGOGISCH-DIDAKTISCHE
TAGESREFLEXION

- Habe ich alle Kinder mit meinen Arbeitsaufträgen angesprochen und erreicht?
- Hatte jedes Kind die Chance, seine Ideen und sein Gedankengut einzubringen?
- Habe ich den Kindern Freiraum und Gelegenheit gegeben, Dinge zu entdecken und auszuprobieren?
- Habe ich die unterschiedlichen Voraussetzungen und Qualitäten des einzelnen Kindes berücksichtigt?
- War ich ein fairer Partner?
- Habe ich alle Kinder gleich behandelt und versucht, auf besondere Sympathiezuweisungen weitgehend zu verzichten?
- Standen unsere Gefühlswelten im Einklang und in Wechselwirkung?
- Habe ich die „Macht" als Lehrer und Erwachsener unverhältnismäßig eingebracht?

- Mussten die Schüler vor meiner körperlichen und geistigen Überlegenheit kapitulieren?
- Wie oft habe ich die Kinder übertönt, statt für eine ruhige Gesprächssituation gesorgt?
- Habe ich mich zum Sklaven meines Lernmaterials gemacht und die Seelen mancher Kinder missachtet?
- Wie oft habe ich heute mit den Kindern, nicht aber über die Kinder gelacht?
- Was habe ich bemerkt, als ich mich selbst von außen beobachtet habe?
- Habe ich es als nicht unangenehm empfunden, wenn Kinder meine körperliche Nähe gesucht haben?
- Habe ich der Klasse bzw. den Kindern in die Augen geschaut?
- Was hat meine Seele berührt?

Ich weiß:

1. Wenn ich ein glaubwürdiger Mensch und Partner bin, verstehen die Kinder, dass es oft wichtig ist, „Bereiche"

abzugrenzen, sprich Grenzen zu setzen und gemeinsame Regeln zu vereinbaren.

2. Bin ich berechenbar, ehrlich und glaubwürdig, werden die Kinder verstehen, dass es wichtig ist, dass ich auf die Beachtung und Einhaltung von Regeln bestehen muss.

3. Sie werden freiwillig und „aus Liebe" zu mir versuchen, gegebene Maßnahmen zu respektieren und zu beachten und werden sie sogar suchen und einfordern.

4. Je mehr sich die Kinder an mir reiben, desto mehr zeigen sie, dass sie Vertrauen zu mir haben und an mich glauben, denn sie fühlen, dass ich ihnen Fehlverhalten verzeihen werde. Sie brauchen mich, um den nächsten Schritt ins Leben wagen zu können.

Die Lehrer werden in der heutigen Zeit oftmals zu Recht, aber auch in ungerechtfertigter Weise übertrieben hart und unsachlich kritisiert. Das aggressive Verhalten vieler Eltern ist gewiss nicht der richtige Weg, denn einzig mit einer gegenseitig wohlwollenden und konstruktiven Zusammenarbeit können die aktuell vielschichtigen Probleme gelöst und eine kindgerechte Schule neugestaltet werden. Dennoch sollten sich die Lehrer bewusst machen, dass die Erklärung, man stünde unter Lehrplandruck und unter der ständigen Kontrolle der Schulbehörden, nur ein willkommener Vorwand ist, mit dem man die persönliche Untätigkeit und Phantasielosigkeit zu entschuldigen versucht. Jeder Lehrer hat nach wie vor jede Menge persönliche Freiheit und individuellen Gestaltungsspielraum, um die Schule zu einem unvergesslich positiven Erlebnis werden zu lassen. Oder in Anlehnung an Astrid Lindgren ausgedrückt: „Freiheit bedeutet, dass man nicht alles so machen muss, wie andere Menschen (andere Lehrer) es machen."

Soziale Medien: Die Balance zwischen Technik und Seelenleben

„Der Mensch ist ein „Zoon Politikon", ein Gemeinschaftswesen!" Diese Erkenntnis des griechischen Philosophen Socrates beinhaltet, dass der Mensch ein soziales, auf Gemeinschaft angelegtes und ein gemeinschaftsbildendes Lebewesen ist. Aus dieser unbestrittenen Erkenntnis heraus ergibt sich zwingend, dass die Sprache das wohl bedeutendste Medium der Kommunikation im menschlichen Zusammenleben ist. Sprache d.h. die Charakteristika der Sprache sind das gesprochene Wort, die Gestik, die Mimik und die Tonlage. Sie geben uns einen Einblick in unsere Gegenüber, in ihre Stimmung, in ihre Gemütslage, manchmal sogar in ihr Seelenleben, besonders in engen Beziehungen. Schon dem ungeborenen Kind im Mutterleib ist die Stimme seiner Eltern und ganz besonders seiner Mutter vertraut. Die Sprache führt so zwei Lebewesen in Liebe zueinander, sie knüpft ein emotionales Band, noch bevor sich diese Menschen gesehen und berührt haben. In der Folgezeit ist die Sprach- und Ausdrucksförderung in der Familie von größter Bedeutung. Viele noch nicht einmal schulreife Kinder wachsen heute jedoch mit Tablet-PC, E-Book-Reader u.ä. Medien auf. Sie ersetzen oftmals das Vorlesen und die Gespräche im Elternhaus, manchmal dienen sie gar als Kindermädchen.

Frühstück in einem Hotel: Eine junge Familie kommt in den Speiseraum, Mama, Papa, zwei Kinder, geschätzt knapp zwei und drei Jahre. Der ältere Junge trottet seiner Familie hinterher, in der Hand ein Tablet. Er schaut nicht rechts und links, aber immerhin findet er den Weg bis zu dem Tisch, an dem seine Eltern stehen bleiben. Der Tisch eignet sich bestens, um sein Tablet im Stand vor sich darauf postieren zu können. Nach einer Weile servieren ihm seine Eltern einen Teller mit Frühstück, ohne Frage neben dem Tablet. Der Junge scheint einen spannenden „Gesprächspartner" gefunden zu haben, denn er gibt aufgeregte, undefinierbare Laute von sich, sprachlich nicht auszumachen. Irgendwann schiebt ihm seine Mutter einen

Löffel mit Essen in den Mund, was er eher mürrisch zur Kenntnis nimmt. Es scheint wohl besser, ihn bei seiner angeregten Beschäftigung nicht zu stören. Die Laute, die er von sich gibt, werden lauter und aufgeregter. Als die Eltern nach etwa einer halben Stunde den Frühstücksraum verlassen, trottet ihnen der Junge in Begleitung seines leider unsichtbaren Gesprächspartners hinterher.

Nächster Morgen gleicher Frühstücksraum: Eine Familie mit drei Kindern, geschätzt drei, fünf und acht Jahre, nimmt am Tisch mir gegenüber Platz. Das kleine, zerbrechlich wirkende Mädchen, nicht älter als drei Jahre, erbettelt sich das Handy von seiner Mutter. Scheinbar gekonnt hat sie nach kurzer Zeit einen wohl spannenden Film gefunden, denn schon wenig später scharen sich um sie ihre älteren Geschwister und auch noch zwei Kinder vom Nachbartisch, vielleicht Bekannte. Der älteste der Kinder holt sich wiederholt einen Bissen von seinem Teller, den die Eltern, wie auch für die anderen Kinder nebeneinandergereiht vorbereitet haben. Die Kinder sind total in das Handy vertieft, die beiden Kleinsten kleben mit ihren Augen buchstäblich darauf. Die Eltern können entspannt frühstücken und sich mit zwei anderen Erwachsenen unterhalten. Ich harre aus, denn ich will unbedingt wissen, wie diese „Watch-Party" zu Ende geht. Es ist wie am Vortag. Irgendwann haben die Eltern ihr Frühstück beendet und stehen auf. Mindestens zwei Teller der Kinder bleiben unberührt, sie gerieten bei der „Watch-Party" in Vergessenheit. Immerhin folgen die Kinder ihren Eltern ohne Widerspruch hinterher.

Vielleicht ein Zufall? Doch wohl eher nicht, denn ich könnte diese Beispiele noch beliebig fortführen. Ich bin wahrhaftig kein verschrobener Gegner der modernen Medien und Technologien. Und dennoch stimmen mich gerade diese Erlebnisse sehr nachdenklich. Schließlich bedeutet Medienkompetenz nicht, zu wissen, wie man Knöpfe drückt. Die Nutzung der verschiedenen Medien ist zunächst schon einmal je nach Altersstufe zu dosieren. Weitläufig wird heute auf die 3-6-9-12-Regel hingewiesen. Das heißt:

- Kinder unter drei Jahren sollten keine Bildschirmmedien nutzen;
- Kinder unter sechs Jahren sollten keine Spielekonsolen nutzen;
- Kinder unter neun Jahren sollten kein Handy oder Smartphone besitzen;
- Kinder/Jugendliche unter zwölf Jahren sollten keinen unbeaufsichtigten Zugang zum Computer sprich Internet haben!

Das sollten die Rahmenbedingungen sein. Sie haben jedoch noch nichts mit der Medienerziehung und Medienkompetenz zu tun. Medienkompetenz bei Kindern zu erreichen kann ein schwieriger Prozess sein, denn er bedeutet, bei den Kindern wichtige Einsichten und Erkenntnisse zu erzeugen, die umso schwerer fallen, wenn sie beim Schulkameraden oder dem Nachbarskind keine Rolle spielen!

- Kinder müssen lernen, dass vor der Mediennutzung das Gebot des Auswählens steht, sich sinnvolle und interessante Dinge auszuwählen, statt unreflektiert zu konsumieren.

- Das bedeutet aber auch, zu lernen, sich der Anziehungskraft der Medien zu widersetzen und nicht zu ihrem bereitwilligen Sklaven zu werden.
- Der aktiven Mediennutzung muss wann auch immer die Verarbeitung und Einordnung der Inhalte folgen. Das bedeutet auch, Medienbotschaften kritisch zu hinterfragen und sich nicht von ihnen einfangen zu lassen.
- Kinder und Jugendliche müssen den Nutzen erkennen, denen ihnen Medien ermöglichen. Sie müssen kennen lernen, dass sie auch mit Medien kreativ umgehen können und dass Medien ein wertvolles Kommunikationsmittel im Austausch mit anderen sein können.
- Sie müssen kennen lernen, dass Medien eine Unterstützung und Bereicherung für ihr individuelles Tun sein können. Sie müssen lernen, ihre Zeit nicht sinn- und nutzlos mit Medien zu vergeuden.

Alle diese Schritte können Kinder nicht ohne Begleitung Erwachsener bewältigen. Sie brauchen bei der Nutzung der Medien wie bei allen Lernprozessen die oft unsichtbare, aber doch aufmerksame Begleitung und manchmal eben auch Betreuung. Auch hier gilt die Aufforderung Maria Montessoris: „Hilf mir, es (verantwortungsvoll) selbst zu tun (tun zu können)".

Noch viel schwieriger ist die „Medienerziehung" bei den Jugendlichen. Doch auch sie brauchen eine sensitive Begleitung. Für die Jugendlichen sind die modernen Medien längst zum Standard ihres Lebens geworden. Die direkte Kommunikation findet in Chats und Kurznachrichten in Form einer „Kürzel-Sprache" statt, Gestik und Mimik werden von Emoticons und Smileys ersetzt. WhatsApp, Email oder Sozial-Network-Plattformen verschiedenster Art sind aus dem Alltag nicht mehr wegzudenken. Es wäre wirklichkeitsfremd, sich dieser Entwicklung bei den Jugendlichen entgegenzustellen. Doch wird sie fatal, wenn sich Jugendliche überrascht und verunsichert in einem Gespräch nicht mehr ausdrücken können und sich unwohl in einer eigentlich normalen zwischenmenschlichen Situation fühlen! So habe ich das vor geraumer Zeit in einer Oberstufe erlebt, als die Jugendlichen Kurzreferate halten und sich anschließend einer Fragerunde stellen sollten. Durchwegs verhielten sich die jungen Leute verunsichert, wussten nicht, wohin mit ihren Händen, starrten hilfesuchend in ihr Mini-Konzept und hatten Angst vor dem Blickkontakt mit dem Plenum. Viele räusperten sich unentwegt, oder unterbrachen sich selbst hilfesuchend mit Verlegenheitslauten wie ah und ähm etc.! Jede Frage aus dem Plenum, die ein wenig vom eigentlichen Schwerpunktthema abwich, nötigte sie, sich mit hilferingenden Blicken bei mir Unterstützung zu suchen. Ihre Körpersprache signalisierte, wie unwohl sie sich in dieser für sie fremden Situation fühlten. Ein ernsthaftes Gespräch zu führen, selbstbewusst Rede und Antwort stehen, waren für sie fremd und absolut ungewohnt. Die Konsequenz war, dass wir begannen, „Gesprächs-Trainingseinheiten" vor einem großen Spiegel durchzuführen und entsprechend zu filmen. Ich forderte sie auf, auch zu Hause sich selbst aufzunehmen und darüber z.B. mit ihren Eltern zu sprechen. Sie sollten ihre ansonsten fleißig benutzten Medien für die Reflexion ihrer Selbstdarstellung einsetzen und gebrauchen. Familie, Eltern, mit denen sie darüber sprechen könnten? Das, erklärten sie mir, werde kompliziert sein, denn dafür hätten ihre Eltern wohl kaum Zeit! Die Familien beginnen „sprachlos" zu werden und genau darin lauert die große Gefahr (siehe auch S.13, „Kinder im Kleinkindalter: Einfach nur festhalten"). Denn so werden die modernen Medien zu Klein-Robotern, die viel zu leisten vermögen, jedoch unsere Gefühlswelten nicht ersetzen können. Doch Sorgen, Bedürfnisse, Nöte, spontane Gefühlsausbrüche sind nicht annähernd ebenso deutlich in Kurznachrichten zu vermitteln, wie im direkten Gespräch. Doch sie sind oftmals die „idealen Partner", sie widersprechen nicht, und wenn sie einmal zufällig dennoch anderes widersprüchliches Gedankengut einfließen lassen, dann wird eben einfach das Programm gewechselt. Sie bieten scheinbar alles, um mit den alltäglichen oder auch sehr speziellen Problemen fertig zu werden, sie geben immer Rede und Antwort, sie sind die idealen Partner einer virtuellen, aber unwirklichen Welt. Kommunikation in Perfektionismus, wenn auch nur im eingleisigen Austausch. Klar, so lässt sich vieles im kognitiven Bereich klären, in jedem Fall schmerzfrei, pseudotolerant! Doch, dem Handy, oder dem Computer etc. des Gesprächspartners kann ein Kind, kann ein Jugendlicher nicht um den Hals fallen! Der Blickkontakt zweier Menschen ist in jedem Gespräch von grundsätzlich großer und unersetzlicher Bedeutung. Wir sollten sehr feinfühlig und aufmerksam auf unsere Kinder hinhören. Wenn ihre Signale ausbleiben, dann ist es vielleicht schon zu spät, dann haben sie wo auch immer „bessere" Gesprächspartner gefunden. Kinder und Jugendliche müssen ihre Emotionen real ausdrücken, manchmal auch ausleben können.

Medienkompetenz vermitteln, bedeutet vor allem auch, dass sich alle Familienmitglieder bei der Nutzung von Medien der gegenseitigen Verantwortung bewusst sind. Kindern die Nutzung von Medien zu untersagen, selbst aber abhängig zu sein, macht unglaubwürdig.

Mahlzeiten müssen grundsätzlich handyfrei sein! Der Fernsehapparat ist kein „Familienmitglied im Hintergrund" weder beim Frühstück und anderen Mahlzeiten, noch als Berieselungsanlage während des ganzen Tages. Die Vorbildfunktion der Erwachsenen ist ein wichtiger Bestandteil einer verantwortungsvollen Medienerziehung. Die erfolgreiche Strategie erfolgt in vier Schritten: Begleitung – Aufklärung – gemeinsames Gespräch - Vorbildfunktion!

Bei allem Respekt vor der technischen Entwicklung bleibt das persönliche Gespräch besonders in der Familie unersetzlich!

Visionen – Illusionen? Erziehung ist ein Kunstwerk

„Ein Kieselsteinweg führte mich zu dem Haus, das Licht fiel auf englischen Rasen. Auf seidenem Teppich stand ich im Portal vor Gemälden und wertvollen Vasen. Dann zeigte der Hausherr voll Stolz den Besitz: Was sie sehen, gehört mal meinem Kleinen. Dieses Haus, die Fabrik, nur für ihn mach ich das, dafür leb ich, ich hab nur den einen. ….. Da sagte der Kleine, der neben uns stand: Papa, ich weiß nicht, ob ich das will. Ich will mit dir einen Drachen bauen, für so was hast du nie Zeit, einfach nur einen Drachen bauen, denn ein gekaufter Drachen fliegt nur halb so weit!" (nach Udo Jürgens).

Dieser Liedtext steht für unzählige, oftmals schicksalhafte Lebensgeschichten vieler Kinder. Sicher aus Liebe und Fürsorge, aber auch aus blinder Eitelkeit planen viele Eltern beinahe schon vor der Geburt den Lebensweg und die Zukunft ihrer Kinder und machen sich nur allzu selten Gedanken darüber, ob ihre

Kinder denn genau das Gleiche wollen, ob sie für diesen Lebensweg überhaupt geeignet sind. Mit der Erklärung, …"ich will doch nur das Beste für mein Kind" …rechtfertigen sie so Entscheidungen über den Kopf des Kindes hinweg, die nicht selten im Desaster enden. Schon vom ersten Schultag an steht dann für viele Eltern fest, dass ihr Kind natürlich Akademiker, Rechtsanwalt oder Arzt usw. werden wird. Und wie schrecklich, wenn ihr Kind plötzlich „nur" lieber mit handfesten Materialien, als mit Zahlen und abstrakten Gebilden arbeitet! Zu allem Unheil trägt die Schule dann auch noch ihren Teil dazu bei, denn sie hinterfragt nicht, was denn nun eigentlich die Kinder wollen (und können), stattdessen stülpt sie den Kindern Lehrpläne über, die von schlauen Schulbeamten auf Grund von Erkenntnissen der Erwachsenenwelt auf Schreibtischen geschaffen wurden. Und, das ist Erziehung? Was hat das alles mit Erziehung zu tun? Eltern, Erzieher, Lehrer, sie alle sind nicht Lebensplaner der Kinder, sie sind für ihr Wachsen und Reifen, für ihre Entwicklung zu verantwortungsbewussten Persönlichkeiten verantwortlich, sie sind dann wohl schon eher Lebenswegpartner. Karrierepläne werden die Kinder, die jungen Menschen einst selbst schmieden und sich dabei an ihren Fähigkeiten und Fertigkeiten orientieren. Kinder, Jugendliche erziehen hat nichts mit Traumberufsorientierung zu tun!

Wie also sollten dann Eltern, Erzieher und Lehrer sein, um dem Kind und dem Heranwachsenden eine positive Erziehung und Lebenseinstellung geben zu können? Ich will hier keine schlauen Ratschläge geben, aber lassen sie uns versuchen, so etwas wie Profile für „gute Eltern, Erzieher und Lehrer" zu erstellen:

- Die Eltern:

Kinder brauchen unendlich Liebe, Wärme, Geborgenheit, Verständnis und jede Menge Zeit! Sie brauchen jemanden, der mit ihnen lachen und weinen kann, verrückte Sachen macht, sich von außen betrachtet und über sich selbst lachen kann. Sie brauchen jemanden, der zuhören kann und will, der sie verstehen will, sie nicht kritisiert und stattdessen Alternativen aufzeigt, ihnen Mut macht, sie zu neuen Schritten und Versuchen ermutigt, der sich an den Kleinigkeiten erfreut, der sie fördert und unterstützt statt erwartet und fordert. Sie brauchen jemanden, der an sie glaubt und ihnen vertraut, der Wegbegleiter sein will und im Hintergrund geduldig warten und zuschauen kann, jemanden, der unsichtbar und dennoch immer nah ist, der loslassen kann und sich an den Schritten in die Selbstständigkeit eines Kindes erfreuen kann: Kinder brauchen eine gewaltfreie Erziehung ohne Bevormundung und Manipulation, in Liebe und mit Zuversicht!

-    Die Erzieher/innen:

Sie sind der „Mama-Ersatz" schlechthin, Pädagogen/innen mit unendlich viel Herz, die Wärme und Geborgenheit vermitteln in der ersten fremden Welt fern der Familie. Sie haben kein Problem mit der Nähe, die Kinder suchen, wenn sie sich z.B. auf ihren Schoß setzen wollen, wenn sie zum Kuscheln kommen und Berührungen brauchen. Sie lachen und weinen mit den Kindern, staunen voll Bewunderung über ihre Phantasien und die ersten Kunstwerke, die von den Kindern erstellt werden. Sie kritisieren und korrigieren nicht die „Kopffüßler", denn sie haben verinnerlicht, dass jedes Kind seine Zeit zum Wachsen und Reifen braucht. Sie motivieren und geben Impulse für den nächsten oder gar neuen Schritt, ohne belehrend und bevormundend einzugreifen. Sie sind unsichtbar und doch nahe, sie verfolgen keine kognitiven Lernziele, sondern lassen dem Kind die Zeit, die es sich wünscht.

-   Die Lehrer:

Die Lehrer sollten Künstler sein! Künstler sind in der Regel feinfühlige, sensible und phantasievolle Menschen, die ihr Kunstwerk Tag und Nacht in ihrem Herzen tragen. Ihr Kunstwerk ist oftmals längst schon in ihren Gedanken vollendet, noch bevor sie zum ersten Mal Hand angelegt haben. Sie leben in und für ihre Schöpfung. Vision – Illusion – Kunstwerk? Es ist die perfekte Vermengung vieler rationaler, emotionaler und irrealer Aspekte, die scheinbar unfassbar eine Realität zum Leben erweckt. Jedes Kind ist ein Kunstwerk, an dem man sich erfreuen kann, das man fürsorglich und pfleglich behandeln muss. Es wird den Lehrern zur Formvollendung übergeben. Jeder Fehlgriff kann ein Chaos auslösen. Kinder brauchen vor allem die Sensibilität und das Einfühlungsvermögen des Lehrers. Er soll dem Kunstwerk „Kind" zu noch mehr Glanz verhelfen, oder besser ausgedrückt, seine schlummernden Schönheiten und besonderen Merkmale und Qualitäten zur Wirkung bringen, jedoch nicht verändern und verformen wollen. So könnte das schöpferische Wunschprofil eines Lehrers beschrieben werden.

Lehrer müssen die Kinder dort abholen, wo sie sich befinden, sie müssen in die Kinder lauschen, sie müssen sich von ihrer Neugier und von ihrer Lust, die Welt entdecken und erforschen zu wollen, begeistern lassen. Sie müssen ihre Fähigkeiten fördern und ihre Potentiale ausschöpfen. Sie müssen den Kindern vertrauen, abwarten und beobachten können, denn sie sollen in den entscheidenden Momenten, wenn sie von den Kindern gebraucht werden, zur Verfügung stehen, unsichtbar und sanft führend. Lehrer brauchen ein hohes Maß an Empathie und Frustrationstoleranz, denn nicht sie sind die wichtigen und entscheidenden Personen, sondern einzig die Kinder!

Die Entwicklungsprozesse, die in der Schule heute ablaufen, driften extrem auseinander. Während die Schule in ihrer Grundstruktur noch immer genauso funktioniert wie beinahe vor 80 Jahren, sind ihr die Kinder von heute in ihrer Entwicklung längst enteilt. Aus dieser widersprüchlichen Situation heraus ergeben sich viele Fragen und Probleme, die aber nur im Konsens von Eltern und Lehrern gelöst werden können. Ich spreche bewusst von „Lehrern" und nicht anonym von „Schule", denn besonders die Lehrer haben es in der Hand, eine neue, eine Schule für die Kinder zu gestalten. Bereits vor mehr als fünfzig Jahren wurde über einen Kind orientierten Unterricht nicht nur gesprochen, sondern auch in der Lehrerausbildung darauf hingearbeitet. Das Kind sollte im Mittelpunkt stehen, wir wollten seine Interessen und Fähigkeiten berücksichtigen, ihm Raum für Selbsttätigkeit und die Entwicklung seiner Kreativität geben. Im häufig praktizierten fächerübergreifenden und projektorientierten Unterricht sollte das Kind sein Spezialwissen einbringen können und lernen, produktiv und kooperativ in einem Team zu arbeiten. Lernen in der realen Welt, an konkreten Gegenständen sollte dem Lehrbuch und der Flut von anderen Medien vorgezogen werden. Wir holten die reale Welt ins Klassenzimmer und luden Experten zur Befragung ein. Es galt bereits das Prinzip der offenen Klassenzimmer, sprich die Kinder konnten stundenweise den Unterricht der Nachbarklassen in freier Auswahl in einer Art (geplanten) Freiarbeit besuchen. Die starre Klassenstruktur war aufgebrochen worden. Wochenplanarbeit, oder anders gesagt die eigenverantwortliche Lernarbeit, die den unterschiedlichen Level und das persönliche Arbeitstempo berücksichtigen sollten, war längst in vielen Schulen und Klassen die Norm. Projekttage mit sehr unterschiedlichen Themen ermöglichten den Kindern, sich mit all ihrer Neugier und ihrem Wissensdurst einzubringen. Ein buntes Schulleben bereicherte die Seelen der kleinen

Persönlichkeiten. Im Schulspiel, bei Tanz und in Schulchören, bei handwerklichen Beschäftigungen und in Schulgartengruppen u.a. konnten sie ihre musischen Neigungen ausleben. Schule war oftmals bereits auf einem guten Weg.

Damals wie heute existierten die annähernd gleichen Lehrpläne! Was also hindert die Lehrer heute daran, den Unterricht kindgerecht, erlebnisreich und spannend zu gestalten? Damals wie heute gab es die unsäglichen und überflüssigen Tests und Noten und vieles andere Schulfeindliche, weil Kinderfremde, mehr! Ich hatte an meiner Schule alle Lehrer aufgefordert die Hausaufgaben ausschließlich auf Vorbereitungen zu Projekten zu beschränken. Lehrer, die heute vom Druck der Schulbehörden und den Elternerwartungen sprechen, spielen sich selbst etwas vor und wollen nicht mehr als nur ihre Pflicht erfüllen. Lehrer, die heute noch autoritären Frontalunterricht halten und aus ihren vergilbten Blättern Kinder belehren, haben ihren Beruf verfehlt! Die Schule findet allein für und mit den Kindern statt, nur auf sie kommt es an! Doch soll das nicht bedeuten, dass Lehrer wie auch Eltern aus der Erziehung rausgehalten werden sollen! Nein, ganz und gar nicht! Die Kinder brauchen mehr denn je verantwortungsvolle und einfühlsame Wegbegleiter!

"Freie und unautoritäre Erziehung bedeutet nicht, dass man Kinder sich selbst überlässt, dass sie tun und lassen dürfen, was sie wollen. Es bedeutet nicht, dass sie ohne Normen aufwachsen sollen, was sie selber übrigens gar nicht wünschen. Ganz gewiss sollen Kinder Achtung vor ihren Eltern haben, aber ganz gewiss sollen Eltern auch Achtung vor ihren Kindern haben, und niemals dürfen sie ihre natürliche Überlegenheit missbrauchen. Liebevolle Achtung voreinander, das möchte man allen Eltern und Kindern wünschen." (Astrid Lindgren) Ich möchte diese Worte von Astrid Lindgren auch auf das Verhältnis Kinder–Lehrer ausdehnen, also auf das Dreieck Kinder-Eltern-Lehrer, denn damit lässt sich ganz einfach beschreiben, was sich in der Erziehungs- und eben auch

Schullandschaft heute ändern muss, damit Kinder wieder ihre Schule und ihre Lehrer lieben können und Eltern und Lehrer konfliktfrei und konstruktiv zusammenwirken können. Nur so wird Erziehung generell zu einer erlebnisreichen, wundervollen Etappe im Leben von Kindern und Eltern: Wir müssen uns in liebevoller gegenseitiger Achtung begegnen! „Überall lernt man nur von dem, den man liebt!" (Johann Wolfgang von Goethe) Wo Angst und Druck herrschen und hinter dem Lernen und Erziehen Bedrohung und Ängste lauern, können weder Erziehung, noch erfolgreiches Lernen gedeihen! Alle autoritären Schulformen, wo auch immer, sind kinderfeindlich und nicht mehr zeitgemäß! Es gilt, auch und besonders in der Lehrerausbildung Konsequenzen zu ziehen! Wir müssen die Schule nicht neu erfinden! Wir brauchen kein Homeschooling und schon gar kein Unschooling, wir brauchen kein individuelles Lernen außerhalb der Schule, wir brauchen nicht immer noch mehr sog. private Schulen mit Pseudopatentrezepten. Wir brauchen eine neue alte Schule, die sich wieder an den Kindern anstatt an sterilen sog.

Lehrplänen orientiert, die den Kindern und Jugendlichen die Möglichkeit gibt, ihre Fähigkeiten und Fertigkeiten ungehindert, frei und kreativ zu entfalten. Es geht nicht um ein möglichst frühzeitiges Auseinanderdividieren der einst mühsam zusammengewachsenen Klassengemeinschaften, um nach dem Prinzip "schneller-besser-höher-weiter" möglichst rasch eine vermutete Elite zu entdecken und zu fördern. Wir müssen uns nicht um Auslese für eine Elite bemühen! Elite wächst, wo wir fördern und ermutigen, wo sich individuelle Fähigkeiten ungehindert und kreativ entfalten können. Statistische Erhebungen wie die Pisa-Studien u.a., für die in den Schulen unsinnigerweise wertvolle Zeit verschwendet wird und die vielen Schülern mehr schaden, als sie letztendlich nützen, müssen abgeschafft werden! Übertritte an auf höherem Niveau weiterführende Schulen müssen geöffnet werden und durchlässig werden. Wir brauchen nicht über die Bezeichnung Schul- oder Bildungspflicht diskutieren. Wir müssen dafür sorgen, dass unsere Kinder ihre Schule wieder lieben können, dann werden wir nicht mehr über Pflichten sprechen müssen, denn wenn Kinder ihre Schule lieben, besuchen sie diese nicht mehr der Pflicht wegen, sondern weil sie diese andererseits sonst vermissen! Wir müssen für vielfältige stückweise Veränderungen aufgeschlossen sein, uns selbst verändern wollen. Uns, schließt die Eltern mit ein! Denn, wie ich nunmehr schon wiederholt angeführt habe, brauchen wir ein funktionierendes Erziehungsdreieck! Jeder ist wichtig! Es kommt jedoch vor allem auf die Lehrer an, denn sie sind es, die diese wichtige Erziehungsetappe „Schule" gestalten. Sie haben es in der Hand, und das Rezept, das helfen kann, ist ganz einfach:

1. Man bediene sich an den wunderbaren Ideen der Reformpädagogik und übertrage sie auf die Regelschulen von heute!

2. Man beachte die zahllosen alternativen Schulen kritisch und ohne Vorbehalte und eigne sich das Beste von ihnen an!

3. Man suche unter allen an Erziehung Beteiligten den Dialog anstatt der Auseinandersetzung und Feindbilder!

4. Man realisiere, dass all unser Denken und Handeln beim Kind seinen Ursprung und Anfang haben muss!

„... In keinem neugeborenen Kind schlummert ein Samenkorn, aus dem zwangsläufig Gutes oder Böses sprießt. Ob ein Kind zu einem warmherzigen, offenen und vertrauensvollen Menschen mit Sinn für das Gemeinwohl heranwächst oder aber zu einem gefühlskalten, destruktiven, egoistischen Menschen, das entscheiden die, denen das Kind in dieser Welt anvertraut ist, je nachdem, ob sie ihm zeigen, was Liebe ist, oder aber dies nicht tun." (Astrid Lindgren)

Genau dieser ungeheuren gemeinsamen Verantwortung müssen sich mehr denn je wieder Eltern, Erzieher und Lehrer, sprich alle an der Erziehung Beteiligten bewusst werden. Das gemeinsame konstruktive Gespräch und das gemeinsame Handeln, das gemeinsame Gestalten des Lebensweges der Kinder und Heranwachsenden muss Vorrang vor allen kontroversen Diskussionen und übereilten Entscheidungen gegen und abseits der natürlichen Lebensgemeinschaften, Familie,

Kindergarten und Schule, haben. Es ist eigentlich absurd, dass wir für Bestehendes wieder Visionen zum Neuentdecken und Neugestalten brauchen. An der Bedeutung der Familie, wenn auch heute in sehr bunten und verschiedenen Variationen, für seelisch gesunde Kinder darf es keine Zweifel haben. Das gilt mit Einschränkungen auch für die Gemeinschaftseinrichtungen wie Kindergarten und Schule. Sie sind das notwendige und bedeutende „Trainingscamp" und die Basis für die Demokratie, für unsere Gesellschaft.

Kulturen – Kinder – Kontinente: Veränderungen, die wir brauchen

„Kinder sind, wo und wann auch immer, einfach nur Kinder, sie sind international! Ihre Herzensanliegen, ihre ganz persönlichen Sorgen und Nöte, ihre Wünsche, Sehnsüchte und Träume sind nicht auf Länder und Kulturen und Nationen zu beschränken, sie tragen manchmal nur eine etwas andere „Färbung". Sie sind wunderbar!" Mit diesen Worten habe ich dieses Buch begonnen, und ich möchte sie zum Anlass nehmen, um auf die extrem unterschiedlichen Bedingungen, unter denen Kinder aufwachsen und erzogen werden, eingehen. Ich habe die Situationen, unter denen Erziehung stattfindet, sprich möglich ist, in drei sehr verschiedenen Kontinenten, in Europa in Deutschland, in Asien, in einem großen Teil der Türkei und in Amerika sprich in Nordamerika in Mexiko kennengelernt. Die Bedingungen könnten nicht extremer auseinanderklaffen!

Hitzig, oft beinahe schon aggressiv wird seit nunmehr schon längerer Zeit vor allem in Deutschland über die inhaltliche und organisatorische Struktur der Schule kontrovers diskutiert. Dies führt letztendlich sogar dazu, dass die Schule heute total in Frage gestellt wird. Zunächst waren es nur die Notengebung und die Zeugnisse. Fast schon logisch folgten die berüchtigten Übertritte und mit ihnen die entsprechenden Übertritts-Verfahren. Von Grundschulabitur u.a. provokativen und plakativen Ausdrücken und Formulierungen war (und ist) die Rede. Alles, was angreifbar war, wurde attackiert. Es folgten die Diskussionen um Integration und Inklusion, die letztlich nur in der Theorie zu existieren schienen, weil ein immer härter diskutierter und inszenierter Lehrermangel eine Realisation offensichtlich unmöglich machte. Man suchte nach Sündenböcken, die in Form der Migrantenkinder mit mangelhaften Deutschkenntnissen scheinbar auf dem Goldtablett serviert wurden. Die Lehrer fühlten sich berufen, über zu viel Arbeit und zu schlechte Bezahlung zu klagen. Ohne Zweifel ist die Arbeit eines Lehrers gar nicht hoch genug einzuschätzen und muss auch dementsprechend honoriert werden! Die Lehrer machten ihrerseits Front gegen alle! Die Schulbehörden waren die unsensiblen Verursacher schlechter Unterrichtsqualität, weil sie die Lehrer mit zu umfangreichen Plänen beinahe handlungsunfähig machten, und wo noch keine gänzliche Lehrpersonallähmung eingetreten war, sorgten schließlich total überdrehte Eltern mit ihren überzogenen Erwartungen und Forderungen dafür. Die Qualität der Schule stürzte unbestritten ab! Logische Folge: Bei derart schlechter Qualität der Schule kann nur noch Selbsthilfe eine Änderung herbeiführen, also boykottieren wir die Schule und helfen wir uns mit „Home-Schooling" oder schlicht mit „No –Schooling". Die Eltern sind ohnehin die besseren Lehrer. Und um dem Ganzen die juristische Angreifbarkeit zu nehmen, verändern wir die Schulpflicht zur Bildungspflicht, denn dann kann schließlich jeder machen, was er will.

Nun, dieser sicherlich nur kleine Auszug aus der aktuellen öffentlichen Diskussion über

Schule und Erziehung in Deutschland, lässt noch nicht erkennen, auf welch luxuriösem Niveau in Deutschland über Schule und Erziehung diskutiert, oder besser gesagt, bereits gestritten wird. Halten wir doch einmal fest: In Deutschland erhält jedes Kind mindestens für neun Jahre eine kostenlose Erziehung und Ausbildung, die sich durch den Kindergarten nahtlos an die Erziehung im Elternhaus anschließt. An diesem Grundkonzept zu zweifeln, muss zumindest sonderbar erscheinen! Nicht die Struktur in ihren Grundelementen muss verändert oder gar abgeschafft werden, wohl aber muss eine gänzliche innere Erneuerung stattfinden, die sich an den Elementen der Reformpädagogik orientieren sollte. Vielleicht sollte man in Deutschland weniger über „No-Schooling" und umso mehr über „New-Schooling" nachdenken! Wir brauchen nicht wie in vielen anderen Ländern eine Überfütterung durch ausschließlich kommerziell orientierte Privatschulen, die buchstäblich die Gunst der Stunde nutzen und mit pseudoalternativen Schulkonzepten locken. Dann wird Schule eines Tages genau das werden, was wir alle nicht wollen: ein Privileg der Reichen!

Extrem kontrovers dazu stellt sich die aktuelle Situation von Schule und Erziehung in Mexiko dar. Es ist ein absolutes Privileg und unterliegt dem individuellen Prestigedenken, eine der vielen Privatschulen zu besuchen. Sie bestehen in der Regel aus der Kleinkindbetreuung, genannt Maternal, dem Kindergarten, genannt Preschoool, der Grundschule oder Primaria und der Haupt- oder Mittelschule, sprich Secundaria und schließlich der Oberstufe, der Preparatoria, meist bereits Teil einer der Privatuniversitäten. Ausschließlich dafür gehen oftmals beide Elternteile arbeiten, denn schließlich können sie nur Teil der besseren Gesellschaft sein, wenn ihr Kind eine dieser Schulen besucht. Niemand hinterfragt dabei die Qualität dieser Schulen, an denen nach meiner eigenen Erfahrung nur wenig wirklich qualifizierte Lehrer arbeiten. Die Eltern sind glücklich, wenn ihr Kind eine dieser Schulen überhaupt besuchen kann. Sie sind dann die „besseren Menschen" einer extrem wirtschaftlich und gesellschaftlich gespaltenen

Gesellschaft. Der andere Teil der Kinder muss die staatlichen Schulen besuchen, falls dies denn auch möglich ist, denn viele Kinder in den vor allem ländlichen Regionen würden gern überhaupt eine Schule besuchen, um wenigstens schreiben und lesen zu lernen, doch ist es ihnen oftmals auf Grund der Örtlichkeiten unmöglich! Auch die Lehrer in Mexiko klagen absolut mit Recht über eine schlechte, sogar miserable Bezahlung, denn sie können mit dem Gehalt, das sie in den staatlichen Schulen bekommen, nicht einmal ihren Lebensunterhalt auf niedrigem Niveau bestreiten. Sie arbeiten daher oft in zwei Schulen oder zusätzlich in irgendwelchen anderen Berufen, um ihren Lebensunterhalt bestreiten zu können. Ihre Motivation dient dem Leben, oder besser gesagt dem Überleben können. Ihre Ausbildung an der Universität liegt fernab vom europäischen Standard, doch die Eltern denken nicht im Entfernten daran dagegen aufzubegehren! Der autoritär geführte, ausschließlich lehrerorientierte Unterricht ist die Normalität! Das Kind, der Jugendliche hat den Lehrer vollumfänglich zu respektieren, sprich sie haben zu gehorchen.

Schülerorientierung, entdeckendes und selbsttätiges Lernen sind Utopien! Kinder haben einfach zu lernen, oder anders gesagt zu pauken, um vielleicht irgendwann als Erwachsener bessere Lebensbedingungen zu haben. Zudem gehören Lehrer zu den sogenannten Autoritäten, die widerspruchslos akzeptiert werden müssen, deren Entscheidungen und Anordnungen zu befolgen sind. Nicht die Qualität des Unterrichts ist von Bedeutung, sondern allein die Möglichkeit, überhaupt Unterricht zu erhalten, auf welchem Niveau auch immer. Die Situation in der Türkei unterscheidet sich nur unwesentlich von Mexiko. Dort werden häufig vor allem in den östlichen Landesteilen z.B. ehemalige Offiziere nach ihrem Ausscheiden aus dem Militärdienst zu Lehrern „umfunktioniert" (denn schließlich ist das wichtigste, was Kinder zu lernen haben, die Disziplin). Auch dort sind die unabdingbaren Forderungen wie Schülerorientierung im Unterricht, offener Unterricht, Selbsttätigkeit, Eigenverantwortung, Kreativität etc. Begriffe, mit denen sich weder Lehrer, noch Eltern beschäftigen. Die Struktur von Privatschulen und staatlichen Schulen und ihre gesellschaftlich bedingte Umverteilung sind deckungsgleich mit der Situation in Mexiko.

Es muss zu denken geben, ja vielleicht sogar erschrecken, unter welchen unterschiedlichen Bedingungen Kinder und Jugendliche in verschiedenen Kulturkreisen Erziehung und in der Folge Bildung erfahren dürfen. Ob in Deutschland, in Mexiko oder in der Türkei geht es letztendlich dabei immer um die gleichen Kinder, denn Kinder sind international. Sie sind in gleicher Weise weltweit intelligent, neugierig und wissensdurstig. Sie wollen ihr Leben entdecken und die Welt erobern. Doch sie werden auf oft unverständliche Weise in ihrem natürlichen Entwicklungsprozess von den äußeren Rahmenbedingungen, von wirtschaftlichen Gegebenheiten, von kulturellen Zwängen und politischen Ungereimtheiten ausgebremst, ja sogar behindert.

Aus welchen Gründen auch immer, die nun einmal auch in verschiedenen kulturellen Umgebungen sehr verschieden sind, ist es dringend erforderlich, dass wir Veränderungen in der Erziehung in den Familien und in den Schulen entschlossen einleiten und angehen. Die Kinder sind Kinder unserer Zeit, sie haben sich in ihren Erwartungen, in ihrem Verhalten und in ihren Gewohnheiten dem Leben heute angepasst, sie sind im Gegensatz zu vielen Erwachsenen, und insbesondere zu ihren eigenen Eltern, weitergewachsen. Die teilweise hierarchischen Familienstrukturen, in denen auch heute noch immer von vielen Eltern blinder Gehorsam eingefordert wird, sind nicht mehr zu akzeptieren und führen letztendlich zu einer Entfremdung zwischen Eltern und Kindern. Kinder heute brauchen das Gespräch, sie wollen verstehen, was sie tun sollen, sie fragen nach dem Sinn und nach dem Ziel. Sie sind und wollen nicht mehr nur Befehlsempfänger sein, sie wollen partnerschaftlich mitgestalten, soweit dies ihrem Alter und ihren Möglichkeiten entspricht und umsetzbar ist! Sie wollen, dass wie sie ernst nehmen, dass wir in sie hineinhören und uns Zeit nehmen, um ihnen zunächst einmal überhaupt zuzuhören. Sie wollen ernsthaft Partner sein, sie erwarten sich von uns Handlungsspielraum und das Vertrauen in sie, dass dazu erforderlich ist. Sie hassen permanente Kontrolle, denn damit drücken wir aus, dass wir ihnen nichts zutrauen und nicht an sie glauben. Gleichwohl erhoffen sie sich von uns, dass wir, wenn auch oftmals unsichtbar, ihre Wegbegleiter sind. „Unsichtbar" führen heißt nicht manipulieren und indirekt steuern, oder sogar unterdrücken. „Lass mich, ich will dir zeigen, dass ich kann!" Sie sind selbstbewusst und wollen stark und unabhängig sein, sie wollen Fehler machen dürfen, denn nur so können sie Erfahrungen sammeln und sich weiterentwickeln. Wir können von den Kindern heute lernen! Dazu sollten wir letztendlich auch bereit sein und uns an ihrem Wachsen und Reifen freuen. Sie haben das unwiderrufliche Recht auf jenen Abnabelungsprozess, zu dem sich viele Erwachsene oft nur sehr schwer entschließen können bzw. wollen. Viele Erwachsene betrachten ihr Kind als ihr Eigentum, das auch nach ihren Vorstellungen zu funktionieren hat. Doch kein Mensch, auch nicht Eltern ihre Kinder, kann einen anderen Menschen besitzen! Für alle Eltern muss es heißen: Ich liebe dich mein Kind, darum lass mich dein Wegbegleiter sein!

An die elterliche Erziehung muss sich nahtlos die Erziehungsarbeit der Verantwortlichen in Kindergarten und Schule anschließen! Doch kommt bei der Schule, sprich bei den Lehrern auch noch die Bildungsarbeit hinzu. Sie müssen ebenso vor allem Wegbegleiter und Partner für die Kinder und Jugendlichen in ihrem Bildungsprozess sein. Jeder Lehrer sollte sich die Aussage von Maria Montessori, „Hilf mir, es selbst zu tun!" auf seinen Schreibtisch kleben. Ich will an dieser Stelle nicht über die Veränderungen in den Rahmenbedingungen der Schule heute im Detail eingehen, diesen Gedanken habe ich mein ganzes Buch „Eine Schule für morgen" gewidmet. Es kann nichts anderes als eine Gemeinschaftsschule, eine Schule für alle geben! Nach der 10.Klasse werden sich die Wege ganz von alleine trennen, wenn die individuellen Interessen und die persönlichen Voraussetzungen immer weiter auseinanderdriften! Home-Schooling etc., oder noch mehr No-Schooling stehen überhaupt nicht zur Debatte. Denn Kinder und

Jugendliche brauchen die Erfahrungen und den Gedankenaustausch in der Gemeinschaft der Schule, wenn sie einst gefestigte und verantwortungsvolle demokratische Staatsbürger sein sollen. Sie brauchen die vielfältigen Gespräche mit Gleichaltrigen und die Diskussion mit Erwachsenen wie den Lehrern, um ihren eigenen Horizont zu erweitern und um ihre individuellen Grenzen zu erfahren. Doch gibt es für mich grundlegende Erkenntnisse, deren wir uns bei der inhaltlichen Erneuerung der Schule heute bewusst sein müssen:

- Wir brauchen eine neue Schule, die sich die Entfaltung und Entwicklung des ganzen Menschen und der Persönlichkeit des Individuums auf die Fahnen schreibt und alle Ziele daraufhin ausrichtet.
- In einer neu ausgerichteten Schule kommt es auf die Besonderheit, auf die Einzigartigkeit des Einzelnen an und nicht auf den Vergleich mit anderen. Wir brauchen keine Uniformierung,

wir brauchen Originale und keine Kopien.

- In einer aktualisierten Schule empfinden wir die fortwährende Begegnung mit dem Anderssein als Geschenk, als Bereicherung und als Herausforderung, als prägendes Merkmal unserer Gemeinschaft und Gesellschaft, wofür wir gegenseitig Verantwortung übernehmen und tragen wollen.

- In einer neu überdachten Schule glauben wir an die Kinder und Jugendlichen und zeigen es ihnen, statt sie zu kritisieren.

- In einer Schule heute dürfen wir alle Fehler machen, müssen wir sogar Fehler machen, um daraus lernen zu können. Denn Fehler sind unabdingbar für den Lernfortschritt. Sie sind Ermutigungen und zeigen uns auf, dass wir etwas noch besser machen können.

- In einer neu gestalteten Schule wissen wir, dass Kinder und Jugendliche motiviert und konzentriert arbeiten und lernen, wenn sie auch machen dürfen, was sie gern machen wollen. Alle autoritären Schul- und Unterrichtsformen sind nirgendwo mehr akzeptabel!

Wir alle, Schüler, Pädagogen, Mitarbeiter und Eltern wünschen uns eine Schule, wo wir uns alle wie zu Hause fühlen können und dürfen und wo das Menschsein über allem steht!

Zum Abschluß

Am Ende dieses Buches möchte ich allen Menschen und ganz besonders meiner Partnerin Salomé danken, denen ich vielleicht, in den zurückliegenden vier Monaten, vertieft in meine Arbeit, nicht genügend Aufmerksamkeit geschenkt habe. Ganz besonders dankbar bin ich für deren immense Geduld und ihr Verständnis!

Von Herzen danke ich all meinen ehemaligen „Schulkindern" in Deutschland, in der Türkei und in Mexico, die ich in diesem Buch erwähnen durfte und die meine berufliche Laufbahn nachhaltig geprägt haben. Ich hoffe, sie werden alle mit leuchtenden Augen und geröteten Wangen in diesem Buch lesen und sich da und dort wiederentdecken.

Nicht zuletzt danke ich meinem genialen und außergewöhnlichen Freund, Christian Michael Gnerlich, der mich wie immer „technisch" beraten und unterstützt hat!

Innovation aus der Nordoberpfalz!

Was ist brainjo?

Brainjo, dass erste „Fitness-Studio fürs Gehirn", verbindet neuartige und bestehende Technologien, die es dem Anwender ermöglichen die geistige und physische Leistung zu verbessern und das gebündelt in einer Räumlichkeit. Unser USP ist eine Software-Lösung, die eine intelligente Verbindung zwischen den Geräten schafft und somit ein ganzheitliches automatisch anpassendes Training ermöglicht. Die Sensorik, welche auf die jeweiligen Geräte abgestimmt ist, gewährleistet ein einzigartiges Training und untermauert zusätzlich das Alleinstellungsmerkmal von brainjo auf dem Markt. Aufgrund individuellen Einsatzmöglichkeiten unseres Produkts kann eine hohe Flexibilität, bei konstanter Qualität gewährleistet werden. Brainjo ist somit das Bindeglied zwischen sterilen, medizinischen Therapieräumen und belebten Lifestyle-Fitnessumgebungen.

Letzte Ereignisse:

Exist Stipendium (01.08.2019)

Aufnahme in das Google Start Up Programm (20.000€ Software)

Kooperationspartner Infineon AG (Sponsoring)

Hackathon Regensburg 1. Platz

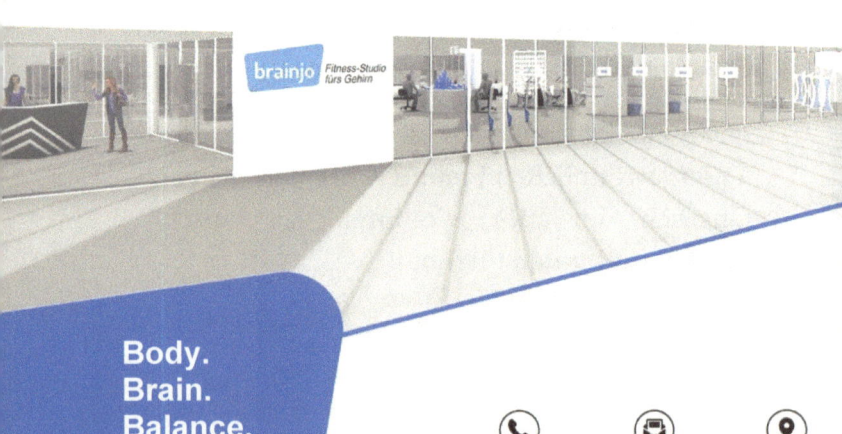

Body.
Brain.
Balance.

+49 (0)176 61411794

info@brainjo.de
www.brainjo.de

Fleurystraße 5
92224 Amberg

Lieber Joachim,

ich gratuliere dir zu deinem neuen Buch, „Hilf mir, ich bin doch dein Kind" und möchte dir hiermit meine große Anerkennung zu deinem Schaffen vermitteln. Als wir uns vor ein paar Jahren kennen gelernt haben, habe ich sofort gemerkt, dass wir dasselbe Anliegen haben. Vielleicht arbeiten beide auf unterschiedliche Art und Weiße an der Umsetzung, vielleicht leben wir auch in anderen Umfeldern, aber dennoch haben wir dieselben Ziele, die wir erreichen wollen.

Menschen, die ihrer Kreativität freien Lauf lassen können, die anders denken, motiviert sind, die Welt auf ihre Art und Weise zu verändern – das ist es, was wir für eine bessere Zukunft brauchen. Und genau deswegen sind diese Menschen besonders wichtig für uns. Doch leider ist es für diese Menschen oft unglaublich schwierig in unserer Gesellschaft zu bestehen, da sie sehr schnell mit Krankheiten wie ADHS, Legasthenie, Dyskalkulie und anderen Lernschwächen diagnostiziert werden.

Leistungsdruck und Reizüberflutungen führen zudem zu Problemen wie Schlaf- und Essensstörungen, wobei die Ursprünge meist auf unser System und das soziale Umfeld zurückzuführen sind.

Nichtmedikamentöse Lösungen, die richtige therapeutische Behandlung und die Liebe, die du in deinem Buch beschreibst, sind in meinen Augen die Hoffnungsträger in dieser Sache. Wenn wir es schaffen unsere Kinder wieder so aufwachsen zu lassen, dass Sie sich frei entfalten können und am Lernen Spaß haben, dann werden wir gemeinsam alle Probleme des 21ten Jahrhunderts mit Leichtigkeit bewältigen.

Ich wünsche dir weiter alles Gute auf unserem gemeinsamen Weg!

Christian Michael Gnerlich
Founder | Innovation (brainjo)

Christian M. Gnerlich

Zeitfracht Medien GmbH
Ferdinand-Jühlke-Straße 7
99095 Erfurt, Deutschland
produktsicherheit@kolibri360.de